Freunde der Monacensia e. V.
Jahrbuch 2009

Herausgegeben von Waldemar Fromm und Wolfram Göbel
unter Mitarbeit von Gabriele Förg, Kristina Kargl und
Elisabeth Tworek

Redaktion: Kristina Kargl

BILDQUELLEN:
Amt für Landschaftspflege und Grünflächen der Stadt Köln: *152*; Helene Kahl: *179*; Kristina Kargl: *185*; Monacensia: Umschlagfoto, *85; 124, 137, 143, 156, 162, 165 f., 172*; Milly Orthen: *127*; Detlef Seydel: *153, 154, 160*; Urheber nicht zu ermitteln: *137*

Weitere Informationen über den Förderverein *Freunde der Monacensia e. V.* unter www.monacensia.net

Juni 2009
Allitera Verlag
Ein Verlag der Buch&media GmbH, München
© 2009 Freunde der Monacensia e. V.
Umschlaggestaltung: Kay Fretwurst, Freienbrink
Herstellung: Books on Demand GmbH, Norderstedt
Printed in Germany
ISSN 1868-4955
ISBN 978-3-86906-038-5

Inhalt

Zu diesem Jahrbuch 7

Die Ausstellungen der Monacensia 2007 / 2008

»Transit Amsterdam« – Deutsche Künstler im Exil 1933 bis 1945 11
    Wilfried F. Schoeller: Flucht und Ankunft 15

»Das Ich ist ein wildes Tier« – Der Universalkünstler
Herbert Achternbusch 32
    Elisabeth Tworek: »Das Ich ist ein wildes Tier« 35

»... und dazwischen ein schöner Rausch« – Dichter und Künstler
aus aller Welt in München 38
    Hans-Georg Küppers: »... und dazwischen ein schöner Rausch« 42
    Elisabeth Tworek: Der fremde Blick auf München 46

Volkskünstlerinnen – Liesl Karlstadt, Erni Singerl, Bally Prell 52
    Hans Georg Küppers: Volkskünstlerinnen 56

Exil am Mittelmeer – Deutsche Schriftsteller in Südfrankreich 1933–1941
Ausstellungsübernahme in Hamburg 60

Die Veranstaltungen der Monacensia 2007 / 2008

Die Veranstaltungen 2007 65
Die Veranstaltungen 2008 74
Lisbeth Exner: »Deutschland war ebenso kaputt wie ich selbst«
Die Schriftstellerin Grete Weil – Ein Porträt 85
Grete Weil: Der Weg zur Grenze 106

Aus der Arbeit des Literaturarchivs

Neuzugänge im Literaturarchiv der Monacensia 2007 / 2008   115
Elisabeth Tworek: Dichterschreibtische in der Monacensia   122

Jubiläen und Gedenktage 2009

Günther Gerstenberg: »Das aber ist der ganze Mensch ...«
Erich Mühsam zum 75. Todestag   131
Waldemar Fromm: Ein vergessenes Wedekind?
Heinrich Lautensack zum 90. Todestag   137
Michael Stephan: Mit Nagelschuhen durch die Münchner Bohème
Georg Queri zum 90. Todestag   143
Detlef Seydel: Die letzten Tage Albert Langens   151
Walter Hettche: »Eine ganz colossale Revolution in der Dichterwelt«
Detlef von Liliencron zum 100. Todestag am 22. Juli 2009   162
Kristina Kargl: »In das Nichts gewürfelt ist meine ganze Welt«
Ein Porträt der Autorin Regina Ullmann zum 125. Geburtstag   172

Die Autorinnen und Autoren   186

Zu diesem Jahrbuch

Die Monacensia, das Literaturarchiv der Landeshauptstadt München, beherbergt 290 literarische Nachlässe Münchner Autorinnen und Autoren mit über 440000 Autografen, Manuskripten, Typoskripten, Briefen, Tagebüchern und Fotografien. Mit diesem großartigen Fundus ist die Monacensia das größte bayerische Literaturarchiv. Mit ihren Ausstellungen, Führungen, Vorträgen, Lesungen und Publikationen gehört die Monacensia neben dem Literaturhaus zu den interessantesten und wichtigsten Literaturinstitutionen Münchens.

Um die Arbeit der Monacensia zu fördern und finanziell zu unterstützen, wurde im Herbst 2008 der Förderverein *Freunde der Monacensia e.V.* gegründet. Durch großzügige Spenden der Kulturstiftung der Stadtsparkasse München konnte der Verein bereits wenige Monate nach seiner Gründung den Erwerb des Archivs von Herbert Rosendorfer und den Ankauf des »Roider Jackl«-Nachlasses für die Monacensia fördern.

Der Verein hat es sich außerdem zur Aufgabe gemacht, durch ein jährlich erscheinendes Jahrbuch über die Arbeit der Monacensia zu berichten.

Das *Jahrbuch 2009* dokumentiert die Ausstellungen der Monacensia der Jahre 2007 und 2008 mit den Eröffnungsreden und Auszügen aus den Begleitbüchern zu den Ausstellungen.

Es enthält eine vollständige Übersicht über die Veranstaltungen der Monacensia 2007/2008 und die schriftliche Fassung der Rundfunksendung *Deutschland war ebenso kaputt wie ich selbst* von Lisbeth Exner aus der Reihe »radioKultur in der Monacensia«.

Erstmals wird in diesem Jahrbuch eine Passage aus dem 1944 entstandenen Roman von Grete Weil *Der Weg zur Grenze* mit freundlicher Genehmigung der Tochter von Grete Weil, Frau Michaela Schenkirz, abgedruckt. Das Typoskript befindet sich in der Monacensia.

Frank Schmitter hat die Neuerwerbungen der Jahre 2007 und 2008 in einer kommentierten Übersicht zusammengestellt. Aus der Arbeit des Archivs berichtet Elisabeth Tworek in ihrem Beitrag *Dichterschreibtische in der Monacensia*.

Außerdem konnten Münchner Autoren und Literaturwissenschaftler mit Originalbeiträgen zu Gedenktagen und Dichterjubiläen des Jahres 2009 für das Jahrbuch gewonnen werden. Von allen porträtierten Schriftstellerinnen und Schriftstellern liegen Autografen in der Monacensia. Einige der unveröffentlichten Dokumente werden in diesem Jahrbuch als Faksimile wiedergegeben.

Allen Autorinnen und Autoren, die an diesem Jahrbuch mitgearbeitet haben, sei herzlich gedankt, insbesondere der Leiterin der Monacensia, Frau Dr. Elisabeth Tworek, die dem Verein das Informationsmaterial über die Arbeit der Monacensia zur Verfügung gestellt hat, ihren Mitarbeitern Frau Sylvia Schütz und Herrn Frank Schmitter für die sorgfältige Zusammenstellung der Ausstellungen, Veranstaltungen und Neuerwerbungen und Frau Kristina Kargl, die mit großer Umsicht die Redaktion dieses Jahrbuchs übernommen hat.

München im Mai 2009
Waldemar Fromm und *Wolfram Göbel*

Die Ausstellungen der Monacensia 2007 / 2008

Zusammengestellt von Sylvia Schütz

»Transit Amsterdam«
Deutsche Künstler im Exil 1933 bis 1945
Eine Ausstellung der Monacensia München
25. Mai bis 26. Oktober 2007
Ausstellungseröffnung: Donnerstag, 24. Mai 2007

> *Damals wussten wir nicht, was diese Stadt einmal*
> *für uns werden und bedeuten sollte,*
> *welchen großen Dank wir ihr schuldig sein würden.*
> *Sie wurde zur Zuflucht, sie lässt uns arbeiten ...*
> Klaus Mann, Amsterdam

Mit der Machtübertragung an die Nationalsozialisten im Januar 1933 beginnt die größte Flucht von Künstlern und Literaten, die Deutschland und Europa bis dahin erlebt haben. Die Niederlande sind eine bedeutsame Station bei diesem Exodus. Vor allem Amsterdam gewährte vielen deutschen Schriftstellern, Musikern, Schauspielern, Malern und Photographen Zuflucht.

Thomas Mann begibt sich im Februar 1933 nach Amsterdam, um im *Concertgebouw* seinen berühmten Vortrag über Richard Wagner zu halten. Unbewusst ist diese Fahrt eine Reise ins Exil. Seine Tochter Erika gastiert in Amsterdam mit ihrem literarischen Kabarett *Die Pfeffermühle*, sein Sohn Klaus gibt hier seine Exilzeitschrift *Die Sammlung* heraus. Grete Weil arbeitet als Fotografin, Bruno Walter dirigiert, Elisabeth Augustin übersetzt, Irmgard Keun versucht, ihre gerade begonnene Karriere außerhalb Deutschlands fortzusetzen. Zwei niederländische Verleger – Emanuel Querido und Gerard de Lange – geben der im Deutschen Reich verbotenen Literatur eine neue Heimat.

Als im Frühjahr 1940 die Wehrmacht die Niederlande innerhalb weniger Tage besetzt, haben die Manns Amsterdam schon verlassen, der Maler Max Beckmann lebt seit 1937 hier. Für den Schauspieler und Filmregisseur Kurt Gerron wird die Stadt zur Falle, anderen, wie dem Theaterdirektor und Komponisten Rudolf Nelson gelingt es, im Untergrund bis zur Befreiung zu überleben.

Die Ausstellung gab einen sehr persönlichen Einblick in unterschiedliche Situationen des Exils und erlaubte Rückschlüsse auf heutige Transit-Erfahrungen der Flucht und Migration.

Flucht, Gastspiel, Sommerfrische – Integration, Assimilation, Parallelleben – Abreise, Untergrund, Deportation: Ausgehend von den literarischen Nachlässen von Grete Weil, Hermann Kesten und Klaus und Erika Mann, die im Literaturarchiv der Monacensia betreut werden, zeichnete die Ausstellung anhand einer Fülle von bisher unveröffentlichten Briefen, Tagebüchern und Photos die Lebensbedingungen und Lebensläufe der nach Amsterdam emigrierten Künstler und Literaten nach und vermittelte einen Eindruck vom »Wahnsinn der ewigen Flucht, des ewigen Fremdseins« (Marius Müller-Preuss, *Abendzeitung* vom 12. Juni 2007). Viele Dokumente stammen auch aus Privatsammlungen und weiteren Archiven, darunter das Leo Baeck Institute (New York), Bayerische Staatsbibliothek München, Castrum Peregrini (Amsterdam), Literaturarchiv Marbach, Deutsche Nationalbibliothek Leipzig, Historisches Archiv der Stadt Köln, Nederlands Instituut voor Oorlogsdocumentatie (Amsterdam). Erstmals gezeigt wurden Originaldokumente aus den Nachlässen von Konrad Merz, Wolfgang Frommel, Wolfgang Cordan und Hans Keilson.

Als Kuratoren der Ausstellung konnte die Monacensia den renommierten Literaturkritiker und PEN-Generalsekretär Wilfried F. Schoeller sowie den Germanisten und Klaus Mann-Forscher Veit Johannes Schmiedinger gewinnen. Beide sind auch die Autoren des umfangreichen Begleitbuchs zur Ausstellung, das in der *edition monacensia* im Allitera Verlag München erschienen ist.

Eröffnet wurde die Ausstellung durch Stadtrat Haimo Liebich; Grußworte sprach Lionel Veer, Generalkonsul des Königreichs der Niederlande. Zur Ausstellung veranstaltete die Monacensia in Zusammenarbeit mit der Münchner Volkshochschule/Offene Akademie, Bayern2Radio und dem Kulturzentrum der Israelitischen Kultusgemeinde ein Rahmenprogramm mit Lesungen, Zeitzeugengespräch, RadioKultur-Abend, einem Vortrag zur Geschichte des Exil-PEN und Filmen. Als Highlight erwies sich ein Abend mit dem Psychoanalytiker und Schriftsteller Hans Keilson, einem der letzten noch lebenden Zeitzeugen des literarischen Exils in den Niederlanden. Die Medien beachteten die Ausstellung auch überregional, besonders erfreulich war dabei die Berichterstattung in der niederländischen Presse. So berichteten die Zeitschriften *Vrij Nederland, De Groene Amsterdamer* und *duitslandweb.nl* in mehrseitigen Artikeln über das Projekt. Von Anfang November 2007 bis Mai 2008 wurde die Ausstellung im *Haus der Niederlande* in Münster gezeigt.

»Transit Amsterdam«
Deutsche Künstler im Exil 1933 bis 1945

Verantwortlich und Projektleitung: Dr. Elisabeth Tworek, Leiterin der Monacensia
Kuratoren: Dr. Veit Johannes Schmidinger und Prof. Dr. Wilfried F. Schoeller
Ausstellungsgestaltung: Nicola Piening, Tobias Wittenborn
Grafische Gestaltung: Katharina Kuhlmann
Koordination und Pressearbeit: Sylvia Schütz, Monacensia
Publikation: Zur Ausstellung ist in der *edition monacensia* die Publikation *Transit Amsterdam. Deutsche Künstler im Exil 1933 bis 1945* von Veit Johannes Schmidinger und Wilfried F. Schoeller erschienen. München, Allitera Verlag 2007

Zitate aus der Ausstellung

Ich bin kein Vergnügungsreisender, sondern ein Flüchtling.
Klaus Mann
Als wir ankamen, war die Stadt mit orangenfarbenen Fähnchen geschmückt, aber nicht für uns.

Irmgard Keun
Damals wussten wir nicht, was diese Stadt einmal für uns werden und bedeuten sollte, welchen großen Dank wir ihr schuldig sein würden. Sie wurde zur Zuflucht, sie lässt uns arbeiten ...
Klaus Mann
Ich weine jeden Tag. Die andere Sprache, die fremden Menschen, das flache Land. Sogar die Kühe haben eine andere Farbe als in Bayern.
Grete Weil
Viel zu tun, viel zu tun, – Einladungen versenden, Plakate in Läden hängen, Prospektchen und Traktätchen entwerfen verteilen.
Erika Mann
Wenn man in diesem »Hotel« ein holländisches Wort hört, so ist es die Frau Wirtin. Alle anderen Worte sind deutsch. Und deren Hersteller sämtlich Emigranten. Die stellen mancherlei her. Der eine Seidenschals, der andere Wirkwaren, der dritte schlechte Witze, womit er Zahnpasta verkauft.
Konrad Merz

Ich fürchte meine Matratzengruft wird in Holland stehen ...
                                                          Joseph Roth

Ich war bereit, meinen Mann zu stehen. Hatten wir in den Wind geredet? Es gab schärfere Waffen als das Wort.
                                                          Wolfgang Cordan

Wilfried F. Schoeller
Flucht und Ankunft

Grenzen

»Im Zug starke Übelkeit. Unangenehme Reise. In Leipzig: Erich an der Bahn. Mit ihm erst am Bahnhof gegessen. Die Nachricht, dass Hitler Reichskanzler. Schreck. Es nie für möglich gehalten.«[1]

Klaus Mann, aus dessen Tagebuch diese Zeilen stammen, ist nicht allein mit seinem Schock. Die Mehrheit der Deutschen ist überrascht, als Reichspräsident Paul von Hindenburg den Vorsitzenden der NSDAP, Adolf Hitler, am 30. Januar 1933 zum Reichskanzler ernennt.

Das Datum scheint endgültig fixiert zu sein: An diesem Tag beginnt in Deutschland eine neue Zeitrechnung. Aber die Republik war bereits acht Tage früher, am 22. Januar, verloren, als Reichspräsident Hindenburg seinen Widerstand gegen Hitler aufgab. Schon fünf Tage nach der Machtübernahme durch das Kabinett des »Nationalen Zusammenschlusses« werden verfassungsmäßige Grundrechte außer Kraft gesetzt, Presseerzeugnisse, vor allem der KPD, nach der Willkür eines Ermächtigungsgesetzes verboten.

In den nächsten Monaten lässt Adolf Hitler alle oppositionellen Parteien, Gewerkschaften und Zeitungen verbieten und Konzentrationslager errichten. Am 1. April 1933 hindern SS- und SA-Männer Kunden und Patienten, jüdische Geschäfte, Kanzleien und Praxen aufzusuchen. Am Abend des 10. Mai 1933 und auch an anderen Tagen organisieren nationalsozialistische Studentengruppen, unterstützt von zahlreichen Professoren, das Ritual der Verbrennung von Büchern. Diese Schriften gelten ab sofort als »entartete« Literatur. Im September 1933 wird die Reichskulturkammer gegründet. Nur ihre Mitglieder dürfen sich weiterhin künstlerisch betätigen. Für Tausende jüdischer und politisch oppositioneller Schriftsteller bedeutet die Ablehnung einer Mitgliedschaft ein Veröffentlichungs- bzw. Berufsverbot. Bis sich Hitler im Au-

---

[1] Klaus Mann: *Tagebücher 1931–1933*. Hrsg. von Joachim Heimannsberg, Peter Laemmle und Wilfried F. Schoeller, München 1989, S. 112 f.

gust 1934 – nach dem Tod Hindenburgs – auch formell die absolute Macht anmaßt, haben Zehntausende das Land verlassen.

»Wir haben so viele Gefahren, das ist alles so schwer zu verstehen. Vor allem muss ich lernen, was ein Visum ist. Wir haben einen deutschen Pass, den hat uns die Polizei in Frankfurt gegeben. Ein Pass ist ein kleines Heft mit Stempeln und der Beweis, dass man lebt. Wenn man den Pass verliert, ist man für die Welt gestorben. Man darf dann in kein Land mehr. Aus einem Land muss man 'raus, aber in das andere darf man nicht 'rein. Doch der liebe Gott hat gemacht, dass Menschen nur auf dem Land leben können. Jetzt bete ich jeden Abend heimlich, dass er macht, dass Menschen jahrelang im Wasser schwimmen können oder in die Luft fliegen.

Meine Mutter hat mir aus der Bibel vorgelesen. Da steht wohl drin, dass Gott die Welt schuf, aber Grenzen hat er nicht geschaffen.

Über eine Grenze kommt man nicht, wenn man keinen Pass hat und kein Visum. Ich wollte immer mal eine Grenze richtig sehen, aber ich glaube, das kann man nicht. Meine Mutter kann es mir auch nicht erklären. Sie sagt: ›Eine Grenze ist das, was die Länder voneinander trennt.‹ Ich habe zuerst gedacht, Grenzen seien Gartenzäune, so hoch wie der Himmel. Aber das war dumm von mir, denn dann könnten ja keine Züge durchfahren. Eine Grenze ist auch keine Erde, denn sonst könnte man sich ja einfach mitten auf die Grenze setzen oder auf ihr herumlaufen, wenn man aus dem ersten Land raus muss und in das andere nicht rein darf. Dann würde man eben mitten auf der Grenze bleiben, sich eine Hütte bauen und da leben und den Ländern links und rechts die Zunge 'rausstrecken. Aber eine Grenze besteht aus gar nichts, worauf man treten kann. Sie ist etwas, das sich mitten im Zug abspielt mit Hilfe von Männern, die Beamte sind.«[2]

Allerdings spielt sich nach Hitlers Machtantritt das Leben für die überwiegende Mehrheit der Bevölkerung zunächst so ab wie gewohnt. Carl Zuckmayer hat darüber geschrieben: »In den ersten paar Wochen lief das alles noch wie eine mechanische Welle funktionell weiter. Die Gewaltherrschaft brauchte Zeit, sich zu formieren, ihre Reihen zu schließen, ihre Maßnahmen zu treffen.«[3] Erst nach dem Reichstagsbrand in der Nacht des 27. Februar setzt der Massenexodus ein.

Am Anfang ist der Grenzverkehr nicht nennenswert eingeschränkt, auch wenn sich bereits SA- und SS-Trupps an den Schaltern und Wartehallen der Bahnhöfe herumtreiben, um nach Flüchtlingen Ausschau

---

[2] Irmgard Keun: *Kind aller Länder,* Düsseldorf 1981, S. 35 f.
[3] Carl Zuckmayer: *Als wär's ein Stück von mir. Horen der Freundschaft,* Frankfurt a. M. 1994.

zu halten. Wer offiziell emigrieren will, muss, je nach Wert des transferierten Vermögens, eine »Reichsfluchtsteuer« bezahlen. Sie war schon 1931 unter Heinrich Brüning eingeführt worden und 1933 ist sie noch ziemlich unbeträchtlich, da mit großzügigen Freibeträgen versehen. Wie sehr jedoch die Nazis in der Folge legale Möglichkeiten zu terroristischer Willkür ausbauen, zeigt das Beispiel Alfred Döblins. Der Schriftsteller, der mit seinem Roman *Berlin Alexanderplatz* 1929 zum ersten Mal in seinem Leben wirklichen Erfolg hatte, aber gewiss weit unter dem gesetzlichen Limit für eine solche »Reichsfluchtsteuer« lag, wurde nach seiner Emigration wegen Nichtentrichtung mit Steckbrief zur Fahndung ausgeschrieben.

Die Abenteuer der Flucht, oft im letzten Moment, setzen ein. Und sie belegen immer wieder das eine: Kaum einer der Emigranten hatte für lange Zeit vorgesorgt. Instinktiv hatten sie die Diktatur nicht auf der Rechnung.

Viele Autoren nutzen einen zuvor verabredeten Auslandsaufenthalt, hegen aber den Vorsatz, wieder zurückzukehren, wenn der Nazispuk nach der erwarteten kurzen Dauer wieder verflogen sei. Am 11. Februar geht Thomas Mann, um seinen Essay über Richard Wagner, den er am Abend zuvor im Audimax der Münchner Universität vorgetragen hat, auch in Amsterdam, Brüssel und Paris zur Geltung zu bringen. Diese Reise wird bis 1949 dauern, bis er besuchsweise in das gespaltene Nachkriegsdeutschland zurückkehrt. Ernst Toller und Erich Weinert sind zu Lesungen außer Landes. Am 17. Februar bricht Oskar Maria Graf zu einer Vortragsreise nach Österreich auf. Seine Frau Mirjam bleibt zunächst in Deutschland, da die beiden vermuten, nach wenigen Wochen sei Hitler nicht mehr an der Macht. Nie mehr wird Graf auf Dauer nach Deutschland zurückkehren. Joseph Roth fährt höchstwahrscheinlich schon am 30. Januar nach Paris, angeblich noch vor der Meldung, Hitler sei Reichskanzler geworden, wobei er über seine Motive nichts verlauten lässt. Er wird sich als einer der kompromisslosesten Hitler-Gegner bewähren. Robert Neumann, zu Besuch in Berlin, verlässt Deutschland am gleichen Tag. Walter Hasenclever geht ebenfalls in diesen Tagen nach Paris, wo er zuvor schon häufig gelebt hatte. Wilhelm Herzog flieht, von dem sozialdemokratischen Reichstagsabgeordneten Oskar Cohn gewarnt, in der Nacht vom 13. auf den 14. Februar nach Frankreich. Alfred Kerr, am 15. Februar mit dem Gerücht konfrontiert, sein Reisepass werde eingezogen, geht als Wanderer mit einem Rucksack bei Bodenbau über die Grenze in die Tschechoslowakei: »Ich empfand an diesem Abend das tiefe Glück, jenseits der deutschen Grenze zu sein – und trank erleichtert ein großes, großes Glas Pilsener.«[4] Heinrich Mann sieht auch nach seiner Entfernung aus der Akademie Mitte Februar zunächst keinen Anlass, das Land zu verlassen. Sein Notizkalender zeigt Eintragungen für spätere Veranstaltungen. Er schlägt manchen Rat in den Wind; erst eine indirekte, aber deutliche Warnung des französischen Botschafters André François-Poncet habe ihn zu diesem Schritt bewogen, schreibt er in seinen Erinnerungen *Ein Zeitalter wird besichtigt*. Er verlässt seine bereits überwachte Wohnung ohne Gepäck, das ihm seine Lebensgefährtin Nelly Kroeger nachbringt, löst eine Fahrkarte nach Frankfurt, wo er übernachtet, und fährt am nächsten Tag bei Kehl über die französische Grenze. In Toulon holt ihn Wilhelm Herzog vom Zug ab. Der Chefredakteur des *Simplicissimus*, Franz Schoenberner, hat sich in den letzten Tagen seines Deutschlandaufenthalts nicht mehr in seiner Wohnung blicken lassen. Er fährt am 19. März an den Bodensee, von wo aus er »am 20. zu Fuß über die Berge die Schweizer Grenze erreichte, ohne irgendjemand zu begegnen«. Die Hauptgefahr habe darin bestanden, dass die Besitzer des *Simpl* ihn denunzierten, »um unsere finanziellen Ansprüche sozusagen in einem Konzentrationslager zu begraben«.[5]

Walter Mehring, der abwechselnd in Paris und Berlin lebt, verlässt Berlin am 27. Februar, wenige Stunden vor dem Reichstagsbrand. Bert Brecht ist keinesfalls mit mehr Vorausblick als seine Kollegen ausgestattet. Er wartet Anfang Februar einfach ab, auch wenn er sich dazu antreibt, einige Projekte rasch abzuschließen. Mitte Februar begibt er sich in ein Krankenhaus, um sich einer harmlosen Operation zu unterziehen. Er hätte den Eingriff verschieben können, aber er will sich anscheinend in ärztliche Obhut wie auf ein Rückzugsgelände begeben, wo er sicherer ist als in seinem gewohnten Umfeld. Hanns Eisler, der ihn am 23. Februar in der Privatklinik von Dr. Mayer besucht, geht am nächsten Tag nach Wien, weil dort eine Aufführung der *Maßnahme* geplant ist. Brecht packt, mit der Meldung des Reichstagsbrandes konfrontiert, noch in der Nacht seine Arbeitsmaterialien in Kisten und lässt sie bei Freunden unterstellen. Peter Suhrkamp hilft ihm bei der Beschaffung eines neutralen Quartiers; am nächsten Tag fährt Brecht

---

[4] Alfred Kerr: *Die Diktatur des Hausknechts*, Brüssel 1934, S. 11.
[5] Zit. nach: Hermann Kesten: *Deutsche Literatur im Exil. Briefe europäischer Autoren 1933–1949*, Wien, München, Basel 1964, S. 41.

mit seiner Familie, F. C. Weiskopf und Bruno Frei nach Prag. Am gleichen Tag wird seine Wohnung von der Polizei durchsucht.

Das Beispiel Alfred Döblins zeigt den Selbsttäuschungswillen vieler oppositioneller Schriftsteller. Auch er kann sich das Kommende in seiner Zwangsläufigkeit nicht vorstellen und bleibt lieber an seinem angestammten Platz. Erst an diesem 28. Februar verlässt auch Döblin Berlin. Er hat eine dringliche Warnung erhalten, vermutlich auf Umwegen von einem seiner Söhne, der im Polizeidienst arbeitet. Er schüttelt in Berlin einen Verfolger ab und reist an den Bodensee; dort findet er zunächst Unterkunft im Sanatorium des Psychiaters Ludwig Binswanger in Kreuzlingen. Er will abwarten, wie sich die Dinge in Deutschland entwickeln. Seine Frau und seine Kinder befinden sich noch in Berlin. Am 2. März überquert er die deutsch-schweizerische Grenze zu Fuß, übersiedelt später mit seiner Familie nach Paris.

Der Reichstagsbrand markiert den Übergang von der Praxis der Willkür und der politischen Schikanen zum offenen Staatsterrorismus. Am nächsten Tag lässt sich Hitler weitgehende Vollmachten zur Verfolgung seiner Gegner geben. Insgesamt ist etwa eine halbe Million Menschen emigriert, darunter befinden sich rund 5000 Künstler und Intellektuelle. Die Nazis antworten auf die Flüchtlingswelle mit Ausbürgerungslisten, um die Trennung endgültig zu vollziehen und ihre Gegner vogelfrei zu machen.

Wer über die Emigrierten redet, darf über jene nicht schweigen, die den Abschied nicht schafften, sich über die Bedrohung täuschten oder die Entscheidung aufschoben, bis es für sie zu spät war. Die Liste der Menschen, denen es an Einsicht fehlt, an politischer Wahrnehmungssicherheit oder an einer realistischen Einschätzung des Gegners, kennt prominente Opfer. Carl von Ossietzky ist bei Freunden gewesen und hat dort von den Ereignissen am Abend des 27. Februar gehört. Oskar Stark, Redakteur des *Berliner Tageblatts*, hat ihm dringlich geraten, nicht nach Hause zurückzukehren. Der Publizist wähnt sich jedoch vor Verfolgung sicher, weil er das Namensschild an seiner Wohnungstür entfernt hat. Am frühen Morgen des nachfolgenden Tages wird er verhaftet.

Erich Mühsam hat nach dem Bericht von Harry Wilde am 26. Februar erwogen, für eine gewisse Zeit nach Prag zu gehen. Er hat aber Schwierigkeiten mit der Beschaffung des Reisegeldes. Er will am 28. Februar abfahren; um fünf Uhr früh an diesem Tag holen ihn zwei Kriminalbeamte aus seiner Wohnung in Berlin-Britz. Im Übrigen hat er auch aus einem anderen Grund gezögert: Er will seine Haustiere nicht allein lassen. Seine Liebe zu Hund und Katze hat ihm einen Streich gespielt. Im Jahr darauf, in der Nacht zum 10. Juli 1934, wird er von bayerischen SA-Leuten im KZ Oranienburg ermordet.

Ludwig Renn ist am 28. Januar aus der Haft entlassen worden. Einen Monat später, am 28. Februar um sechs Uhr morgens, wird er erneut verhaftet. Voraus ging eine Hausdurchsuchung und die Beschlagnahme seiner Manuskripte. Der Untersuchungsrichter wirft ihm vor, er habe den Reichstag angezündet. Im Berliner Polizeipräsidium trifft er auf Ossietzky, Egon Erwin Kisch, Otto Lehmann-Rußbüldt und Hermann Duncker. Im Gefängnis Spandau hat er als Mithäftling den parteilosen Rechtsanwalt Hans Litten, der zu den frühen Verfolgten gehört, weil er 1932 im Gerichtssaal Hitler in die Schranken gewiesen hatte. Göring wird beim Nürnberger Prozess zugeben, dass die Verhaftungslisten bereits geschrieben waren und es nur eines propagandistischen Anlasses bedurfte, um sie in Kraft zu setzen.

Die Großzahl der Verfolgten verlässt das Land in der Zeitspanne von der Machtübernahme bis zur sogenannten Röhm-Affäre im Sommer 1934. Die jüdische Emigration erreicht ihren Höhepunkt nach der »Reichskristallnacht« vom 10. auf den 11. November 1938.

Anfang April 1933 ordnet das Auswärtige Amt an, dass für Auslandsreisen Sichtvermerke im Reisepass anzubringen seien. Aber man kann, mit wenig Gepäck versehen, diese Maßnahme durch einen kleinen Grenzschein für Tagesreisen unterlaufen. Zum 1. Januar 1934 wird die Visumspflicht für Auslandsreisen wieder aufgehoben, vermutlich, um die Zahl der ausreisewilligen Juden zu erhöhen. Die »Reichsfluchtsteuer« bleibt bis 1934 ohne Veränderung, danach hat sie, vor allem wenn sie Juden betrifft, den Charakter des Vermögensentzugs.

Von den zirka 500000 Juden, die in Deutschland leben, gehen im ersten Jahr der nationalsozialistischen Herrschaft rund 37 000 ins Ausland, davon rund drei Viertel in eines der europäischen Nachbarländer. Einer Statistik zufolge sind in den fünf Jahren bis 1937 insgesamt 140000 deutsch-jüdische Bürger emigriert oder geflohen. Die Niederlande sind nach Frankreich und Österreich das bevorzugte Ziel der Emigranten.

> »Im Abteil des Zuges saß ein Holländer mit weißem Haar und Schnurrbart. Ich war ein bißchen stolz darauf, daß ich mich in seiner Sprache unterhalten konnte. Die Mädchen überfielen uns immer wieder mit Fragen. Sie sprachen Deutsch, verstanden noch kein holländisches Wort. [...] Der alte Herr lachte. Er zog sein Portemonnaie hervor und gab jedem der Mädchen einen halben Cent. [...] Mit solchem Geld wird eure Mama nun immer einkaufen gehen,

sagte der alte Herr, und zu mir sagte er, was für ein Glück es sei, daß ich schon so gut Holländisch sprechen könne, die meisten andern Emigranten könnten das nicht und die fremde Sprache beherrschen, bedeutet ein neues Vaterland, fügte er einigermaßen feierlich hinzu.«[6]

Neben den günstigen Einreisebestimmungen ist die nahe kulturelle Verwandtschaft zwischen den beiden Ländern ein Grund, warum die Niederlande als Ort gewählt werden, in dem die Fliehenden vorerst abwarten wollen. Aber die meisten von ihnen waren noch nie zuvor in Amsterdam und sind auch nur in Ausnahmefällen mit Niederländern bekannt oder gar befreundet. Grachten, Käse, Windmühlen, Tulpen, Holzschuhe, Rembrandt und van Gogh – das sind die Bilder, die sie im Kopf haben, wenn sie an Holland denken.

In nicht wenigen Fällen sind berufliche Verbindungen die Ursache für die Emigranten, gerade nach Amsterdam zu kommen. Die wirtschaftlichen Beziehungen zwischen den Niederlanden und Deutschland sind sehr eng. Der Mann der Schriftstellerin Grete Weil eröffnet in Holland eine Zweigstelle seiner pharmazeutisch-chemischen Fabrik, Hans Keilson entscheidet sich, nach Holland zu gehen, weil ihm dort eine Anstellung in Aussicht gestellt wird. Für deutsche Kabarettisten, Schauspieler, Sänger, Schriftsteller und Musiker sind das Land und seine größte Stadt interessant, weil viele Niederländer offen sind für deutsche Kultur. Das Wort »Berlin« hat als Herkunftsbezeichnung noch einen guten Klang.

> **Der Exodus – Ein Register**
>
> JOSEPH ROTH: schon seit Ende Januar 1933 in Paris; fährt zu Verlagsbesprechungen öfter nach Amsterdam
>
> ERICH SALOMON: bleibt nach der Machtergreifung im Elternhaus seiner holländischen Frau. Nach der Okkupation vergräbt er sein Archiv, geht ins Versteck und wird verraten. Er wird mit Frau und Kind über Theresienstadt nach Auschwitz deportiert und dort am 7. Juli 1944 ins Gas geschickt
>
> ELISABETH AUGUSTIN: zieht nach der Machtübernahme 1933 nach Amsterdam und beginnt auf Niederländisch zu schreiben
>
> THOMAS MANN: bricht im Februar 1933 zu einer Vortragsreise nach Amsterdam, Brüssel und Paris auf. Beginn des Exils; verbringt ab Mitte Juni 1939 mehrere Wochen in einem Grandhotel in Nordwijk, Ausflug nach Amsterdam

---

[6] Elisabeth Augustin: *Das Guckloch. Fünf Erzählungen*, Mannheim 1993, S. 36 f.

Erika Mann: im März 1933 mit dem Auto nach Arosa. Aufenthalte in der Schweiz, zahlreiche Reisen, drei mehrwöchige Gastspiele mit der *Pfeffermühle* in Holland zwischen Mai 1934 und 1936

Klaus Mann: am Abend des 13. März 1933 mit dem Nachtzug nach Paris; lebt ab Juni 1933 bis 1936 bevorzugt in Amsterdam, wo er die Zeitschrift *Die Sammlung* herausgibt. Danach vorwiegend in Paris, später in den Vereinigten Staaten

Bruno Walter: emigriert im März 1933 nach Wien und dirigiert immer wieder das Orchester des Concertgebouw in Amsterdam

Therese Giehse: im März 1933 über Österreich in die Schweiz. Zwischen Mai 1934 und 1936 Gastspiele mit der *Pfeffermühle* in Holland

Hermann Kesten: am 21. März 1933 nach Paris, von dort Außenlektor des Amsterdamer Verlags Allert de Lange. Zahlreiche Reisen nach Holland. Später in die Vereinigten Staaten

Fritz H. Landshoff: im April 1933 mit dem Nachtzug nach Amsterdam. Baut dort die deutsche Abteilung des Querido Verlags auf und leitet sie. Vom deutschen Überfall in London überrascht, dort interniert; Weiterreise in die USA

Menachem Birnbaum: fährt mit Eltern und Familie im April 1933 von Berlin nach Holland. Taucht in der Besatzungszeit in Den Haag unter. Wird vom Sicherheitsdienst (SD) der SS entdeckt und verhaftet. Im März 1943 mit seiner Familie in Auschwitz ermordet

Walter Landauer: ab Frühsommer 1934 in Amsterdam als Leiter der deutschen Abteilung des Verlags Allert de Lange. Zuvor in Paris. Verhungert in Bergen-Belsen

Heinz Liepman(n): nach Untergrund, Verhaftung und KZ-Aufenthalt vermutlich Ende Juni 1933 Flucht aus Deutschland über Paris nach Amsterdam; aus Holland ausgewiesen. USA-Aufenthalt, 1947 nach Deutschland zurückgekehrt

Kurt Gerron: emigriert Anfang April 1933 nach Paris. Über Wien 1935 nach Amsterdam. Ende Februar 1944 Deportation ins KZ Theresienstadt. Nach Regie für den Nazifilm *Der Führer schenkt den Juden eine Stadt* Mitte November 1944 in Auschwitz ermordet

Dora Gerson: ist als Mitglied des Kabaretts *Ping Pong* ab 1933 mehrmals in Amsterdam. Letzter öffentlicher Auftritt 1938. Auf der Flucht nach Frankreich verhaftet, mit ihrer Familie nach Auschwitz deportiert und umgebracht

Chaja Goldstein: kommt 1933 nach Amsterdam und tritt als Ausdruckstänzerin und Sängerin jiddischer Lieder auf. Sie überlebt

Wolfgang Cordan: zieht Ende 1933 nach Holland, wird Redakteur der Zeitschrift *Het Fundament*. Während der Besatzung schließt er sich dem bewaffneten Widerstand an

Konrad Merz: flieht unter seinem bürgerlichen Namen Kurt Lehmann 1934 nach Holland. Arbeit in einer Gärtnerei auf dem Land, einige Wochen später nach Amsterdam. Nach dem Krieg als Masseur und Physiotherapeut in Holland

Rudolf Nelson: Emigration und Gastspiele ab 1933 in Wien und Zürich. Spielt ab 1934 mit seiner eigenen Revue in Amsterdam. Aus dem Sammellager Westerbork gerettet und untergetaucht. Kehrt nach dem Krieg nach Berlin zurück

Heinrich Campendonk: wird 1933 als Lehrer aus der Düsseldorfer Kunstakademie entfernt, Ende Juni 1934 fristlos entlassen. Emigriert zunächst nach Belgien, bis er im Januar 1935 an die Amsterdamer Kunstakademie berufen wird. Überlebt den Krieg, zuletzt im Versteck. Bleibt danach in Holland

Irmgard Keun: fährt im Mai 1936 zunächst nach Ostende und wohnt ab 1938 in Amsterdam. 1940 unter anderem Namen nach Deutschland zurückgekehrt

Hans Keilson: kommt 1936 mit seiner Frau nach Holland, betreut dort jüdische Kinder und veröffentlicht unter Pseudonym Gedichte und Anthologien. Während des Krieges taucht er unter und betätigt sich im Widerstand

Max Beckmann: verliert 1933 sein Frankfurter Lehramt, wird verfemt, zieht nach Berlin. 1937, zur Eröffnung der Münchner Ausstellung über *Entartete Kunst*, emigriert er nach Amsterdam. Er überlebt die Besatzungszeit und geht nach dem Krieg in die Vereinigten Staaten

Grete Weil: kommt 1937 als Fotografin nach Amsterdam. Nach der Ermordung ihres Mannes wird sie Mitarbeiterin des Jüdischen Rates. Ende der Vierzigerjahre kehrt sie nach Deutschland zurück

Wolfgang Frommel: verbringt 1939 einen Urlaub in Holland, kommt ein Jahr später wieder und kann nach Kriegsausbruch nicht mehr nach Frankreich zurück. Überlebt im Versteck

Anne Frank: kommt mit ihrer Familie 1934 als junges Mädchen nach Amsterdam. Im Juni 1942 taucht die Familie im Hinterhaus der väterlichen Firma unter. Das Versteck fliegt im August 1944 auf und die Familie Frank wird deportiert. Anne Frank und ihre Schwester Margot sterben im März 1945 im KZ Bergen-Belsen an einer Typhus-Epedemie

Georg Hermann: verlässt Deutschland wohl Anfang März 1933, zieht in die holländische Künstlerkolonie Laren, dann nach Hilversum, 1942 nach Amsterdam. Mitte November 1943 Abstransport nach Auschwitz. Auf dem Transport oder im Lager gestorben

Welkom in Amsterdam

Wer in Holland lebt, muss sich noch nicht ganz von Deutschland lösen. Sind die geistigen Grundlagen der Gesellschaft hier und dort nicht ähnlich, sind nicht die Sprachen verwandt, so dass man sich wenigstens der Illusion hingeben kann, das Holländische sei eben eine Art deutscher Dialekt? Ein holländischer Lyriker schrieb einmal: »Het is maar tien uur sporen nach Berlijn.« (»Es sind nur zehn Stunden mit der Bahn nach Berlin.«)

> »Endlich lief der Zug in die Halle des Hauptbahnhofs von Amsterdam ein. [...] Wir stiegen aus. Die Mädchen erzählten beide zugleich, von den Kühen und Onkel Stefan, von den halben Centen, dem alten Herrn und der Passkontrolle. Sie merkten nicht, daß man sich nach uns umsah, daß ein paar Leute mißbilligend den Kopf schüttelten und glücklicherweise hörten und verstanden sie es auch nicht, als eine ältere Dame, in dem Augenblick, in dem wir die Treppe vom Bahnsteig hinunter gehen wollten, verächtlich und laut *moffen* sagte.«[7]

Die meisten Emigranten betraten im großen Gebäude des Amsterdamer Hauptbahnhofes Amsterdam Centraal zum ersten Mal niederländischen Boden.

Die Holländer verhielten sich traditionell offen gegenüber Fremden. Der Satz, mag er auch immer wieder bestreitbar sein, galt vor allem im ersten Jahr der Machtübernahme der Nationalsozialisten in Deutschland. Es gab 1933 keine Einreisebeschränkungen, wenn auch im Herbst ein Fremdenpass, der sogenannte Gunstpass, eingeführt wird. Der aber berechtigte die Ankommenden dazu, sich frei im Land bewegen zu dürfen.

In den ersten Monaten bis zum Herbst 1933 sind rund 15 000 Flüchtlinge aus Deutschland in die Niederlande gekommen. Sie reisten als Touristen ein, gaben sich als Besucher von Verwandten aus oder als Transitreisende. Viele von ihnen ließen sich bei der Fremdenpolizei nicht einmal registrieren.

Bleiben?
Diese Frage stellten sich alle Emigranten – solange eine Rückkehr nach Deutschland nicht in Frage kam. Kann man Niederländer werden?

---

[7] Elisabeth Augustin: *Das Guckloch*, S. 39 f.

Oder mochte man sich zumindest in die niederländische Gesellschaft integrieren? Ab wann ist man nicht mehr Deutscher? Das Sprachvermögen bestimmt das Maß der Integration. Ist sie auch ein Zeugnis, ob man im Land bleiben möchte? Grete Weil war nicht die Einzige, die sich zurück in ihre alte Umgebung sehnte. Dennoch lernte sie Niederländisch, genauso wie Hans Keilson oder Wolfgang Cordan, die sich in Holland wohl fühlten.

Wie kompliziert für den Einzelnen die Flucht oft dennoch war, erzählt Konrad Merz in seinem autobiografischen Roman *Ein Mensch fällt aus Deutschland* (1936):

»Dietrich ließ mich in seiner Kajüte verschwinden. Packte mich zu mit verkrüppelten Konservenbüchsen, Klosettpapier, einem Frauenunterrock und der Kriegsausgabe von Faust, »der Tragödie erster und zweiter Teil«. Auf einem Eimer stand: »25 Pfund Pflaumenmus«. Darin lag mein Kopf. Wellen spritzten gegen das Fenster, Wellen, Wasser, Wasser, Wellen. Wir gleiten dem Westen zu.

»Jetzt muß doch die Grenze.«

»Noch nicht.«

Noch nicht. Meine Beine sind kalt wie Eis. Schläfen schlagen, Glieder glühn. Mein Herz stolpert gegen die Rippen. Ich bin die gesuchtesten 25 Pfund Pflaumenmus in ganz Deutschland. Schweigen. Schweigen.

Sie werden mich finden, mögen sie mich, sie werden mich nicht finden, mögen sie mich nicht, sie werden mich finden, mögen sie mich, sie werden mich ... plötzlich zieht Dietrich den Pflaumenmuseimer von meinem Kopf: Holland! sagt er.

Was hat er gesagt? Holland!

[...]

Ein deutscher Regenmantel läuft nach Holland hinein, hat Hunger und Durst und weiß nicht, was das auf Holländisch heißt. Unter ihm laufen zwei Beine, und oben steckt ein Kopf raus, den die Berliner Polizei sucht. Und wenn du ihn jetzt fragen würdest, was er denn wolle, dann würde er stehen bleiben und aus seinem bleichen Gesicht in deine Augen sehn, und du würdest dich schämen. Eine Antwort würdest du nicht hören, denn er ist so arm, er besitzt gar keine Worte mehr. Zur Seite treten würdest du, und der Wind würde pfeifen hinter ihm: »Der weiß selbst nicht, was er will; aber er hat Löcher im Strumpf und wahrscheinlich will er leben.«[8]

Für viele Flüchtlinge war der Schritt aus dem Zug ein Tritt ins Unbekannte, Ungewisse. Oft waren sie mittellos, beherrschten die Sprache nicht und wussten nicht, ob sie in ihrem erlernten Beruf Arbeit finden

---

[8] Konrad Merz: *Ein Mensch fällt aus Deutschland*, Amsterdam 1936, S. 29–32.

könnten. Trotz aller Offenheit und Toleranz: Den Empfang, den ihnen Amsterdam bereitete, empfanden die meisten Ankommenden als kühl. »Als wir ankamen, war die Stadt mit orangenfarbenen Fähnchen geschmückt, aber nicht für uns«,[9] lässt Irmgard Keun das Mädchen Kully in ihrem Roman *Kind aller Länder* sagen.

Die Amsterdamer warteten nicht auf die Emigranten. Einem Teil der Bevölkerung galt das neue Deutschland als sicheres Bollwerk gegen den Kommunismus, vor dem sie sich fürchteten. Viele hatten ein positives Bild von ihrem großen Nachbarn im Osten und verstanden nicht, warum man aus Deutschland emigrieren wollte.

Dazu wirkten sich wirtschaftliche Besorgnisse negativ auf die Asylpolitik aus. Die Weltwirtschaftskrise mit dem Bankencrash von 1929 hat in Holland massiv und lange vorgehalten. 1935 waren 45 Prozent der arbeitsfähigen Bevölkerung im Land arbeitslos. Diese Beschäftigungskrise, die Unsicherheit der Lebensverhältnisse und der materiellen Existenz schürten in der Bevölkerung die Sorge, die Flüchtlinge aus Deutschland könnten Arbeitsplätze wegnehmen und sich auf Kosten der notleidenden Holländer breit machen. So gab es neben der legeren Praxis des Grenzverkehrs durchaus antideutsche Stimmungen und Ängste vor einer Überfremdung des Acht-Millionen-Volks.

> »In der Dunkelheit rollt der Zug in Amsterdam ein. Überrascht hören wir Rufe in deutscher Sprache. ›Jüdische Flüchtlinge aus Deutschland hierher!‹ Auf dem Bahnsteig sammeln Jungen eines Hilfsausschusses die den Mordkolonnen Entronnenen ein. Man verfrachtet uns in ein Taxi, drückt uns Essenskarten und Adressenzettel in die Hände.«[10]

Trotz rigider Arbeitsgesetze und mangelhafter staatlicher Hilfe fanden die in *Amsterdam Centraal* Ankommenden zunächst viel Unterstützung durch Organisationen und Privatleute.

Besonders die deutschen Juden unter den Emigranten haben in den ersten Monaten mit einer Welle von Solidarität in Holland rechnen können. Von den rund 140 000 holländischen Juden wurden Hilfskomitees gegründet und integrative Pläne entwickelt. Bereits im März 1933 nahm das *Joodsche Vluchtelingencomité* seine Arbeit auf und unterstützte die Emigranten bei der Wohnungs- und Arbeitssuche. Im Süden Amsterdams entstand ein modernes Wohnviertel, das viele

---

[9] Irmgard Keun: *Kind aller Länder*, S. 61.
[10] Walter Zadek: *Emigration und Wesensverwandlung*. Zit. nach: *Deutsche Literatur im Exil in den Niederlanden. Eine Ausstellung des Deutschen Exilarchivs 1933–1945*. Die Deutsche Bibliothek, Leipzig, Frankfurt a. M., Berlin 1993, S. 49.

Emigranten wegen der preiswerten Mieten, des modernen Komforts und der Verbindung zu gleichgearteten Trabantensiedlungen anzog. *Amsterdam-Zuid* wurde zu einer Art deutsch-jüdischer Enklave.

Doch nahm die Enttäuschung bei den Gastgebern rasch zu: Die deutschen Juden waren in ihrer Mehrzahl weniger orthodox, vertraten einen liberalen Reformkurs. In den nächsten Jahren kühlte der Unterstützungswille der beiden großen jüdischen Gemeinden in Amsterdam ab. »Wir sind für die holländischen Juden, was einst die Ostjuden für uns waren, fremd, abzulehnen. Außerdem glauben manche, dass ihr Land ohne uns deutsch-jüdische Emigranten nie von den Nazis erobert worden wäre«,[11] schreibt Grete Weil in ihrer Autobiografie *Leb ich denn, wenn andere leben* enttäuscht. Aber noch im Januar 1937 wurde in Amsterdam ein *Huize Oosteinde*, eine Art deutsch-jüdisches Kulturzentrum, eröffnet. Hier war man unter sich oder konnte, in Gedanken anderswohin reisend, Englisch oder Hebräisch lernen.

Nach der ersten, liberalen Phase setzte im Frühjahr 1934 eine neue Asylpolitik in Holland ein. Die Gesetze wurden zunehmend verschärft, um den gesellschaftlichen und vor allem den wirtschaftlichen Krisen zu begegnen. Dabei veränderte sich die Lage in Deutschland und Österreich dramatisch: Das Gesetz über den »Schutz« des Berufsbeamtentums und die Nürnberger Rassengesetze von 1935 trieben viele jüdische Flüchtlinge über die Grenzen; in Österreich hatte nach den Februarkämpfen von 1934 eine Massenflucht von Kommunisten, Sozialdemokraten und bürgerlichen Demokraten eingesetzt, die sich vor allem, aber nicht ausschließlich auf Wegen in die Tschechoslowakei abspielte. Seit Anfang 1935 gab die Amsterdamer Fremdenpolizei nur noch vorläufige Aufenthaltsgenehmigungen aus.

Für ausgesprochen politische Hitlergegner gab es in Holland von Anfang an bisweilen keinen Pardon. Beispielsweise wurde der kommunistische Jugendfunktionär Walter Kolbenhoff, sofort nach dem Reichstagsbrand in die Niederlande entwichen, festgenommen und sollte der deutschen Polizei übergeben werden. Nach Einsprüchen im Parlament wurde er schließlich auf das nächste Schiff gebracht, das den Amsterdamer Hafen verließ, ohne dass er wusste, wohin er abgeschoben wurde. Erst auf See erfuhr er, dass die Reise nach Kopenhagen führte. Sozialdemokraten wurden anfangs als politische Verfolgte nicht anerkannt, und die Sorge, eine allzu freundliche Emigrantenpo-

---

[11] Grete Weil: *Leb ich denn, wenn andere leben*, Zürich 1998, S. 169.

litik könne die neue deutsche Reichsregierung dazu veranlassen, an der holländischen Neutralität zu zweifeln, schränkte die traditionelle Gastfreundschaft ein. Wegen unerlaubter politischer Betätigung, wegen Armut und Erwerbslosigkeit, aber auch bei illegalem Grenzübertritt konnten die Exilanten nach Deutschland, Belgien oder Dänemark abgeschoben werden. So wurden vier deutsche Jungsozialisten, die im Februar 1934 an einer Jugendkonferenz in Laren teilgenommen hatten, an der Grenze der Gestapo übergeben. Willy Brandt, ebenfalls unter den Teilnehmern, entkam mithilfe von norwegischen Parteifreunden.

Mit der Zeit wuchs die Sorge, dass »die Moffen« den Niederländern die Arbeit wegnehmen könnten. Etwas leichter hatten es Flüchtlinge, die einen Spezialistenberuf ausübten oder Künstler waren. Doch auch für sie galten Beschränkungen und Auflagen. In der Kabarett- und Theaterszene wie auch in der Filmbranche wurde sehr darauf geachtet, dass die Niederländer in großem Maße beteiligt wurden oder blieben.

Enttäuschungen erschwerten das Einleben, zumal es in sehr vielen Fällen gar nicht im Lebensplan vorgesehen war. Die touristischen Bilder von Amsterdam, für einen Besuch, eine Städtereise oder eine Sommerfrische sehr reizvoll, waren für viele Emigranten nur Zeichen der Fremde, des Anderen. Die Sehnsucht nach der gewohnten Umgebung wandte sich zurück. »Alles ist fremd, sobald ich die Straße betrete«, schreibt Grete Weil. »Ich weine jeden Tag. Die andere Sprache, die fremden Menschen, das flache Land. Sogar die Kühe haben eine andere Farbe als in Bayern.«[12] Viele Flüchtlinge zeigten sich weitgehend assimilationsresistent, die Holländer hingegen hätten lieber Touristen und Handelspartner als mittellose Immigranten unter sich gehabt. Doch gab es auch positive Wendungen. Hans Keilson, Konrad Merz, Wolfgang Cordan und Elisabeth Alexander lernten Holländisch, haben sich früh entschlossen zu bleiben. Anne Frank verfasste ihr später berühmtes Tagebuch nicht in ihrer Muttersprache, sondern auf Holländisch. Klaus Mann erfuhr Amsterdam als die Stadt, in der ihm Arbeit angeboten wurde und in der sich zahlreiche niederländische Schriftsteller und Journalisten wie Menno ter Braak, Jef Last oder Nico Rost für ihn und sein Werk interessierten. »Amsterdam«, schreibt er dankbar, »was für eine schöne, unverwechselbare Stadt! Wenn wir früher ihren Namen nannten oder hörten, kam eine Vision

---

[12] Grete Weil: *Leb ich denn*, S. 136.

von Patrizierhaus und Hafen, in dem indisches Gewürz verladen wird; Rembrandt-Licht, Ghetto – und der Name Spinozas spielte irgendwie in diese ungenauen, übrigens ziemlich großartigen Vorstellungen. Damals wussten wir nicht, was diese Stadt einmal für uns werden und bedeuten sollte, welchen großen Dank wir ihr schuldig sein würden. Sie wurde zur Zuflucht, sie läßt uns arbeiten [...]«[13]

Zum Jahreswechsel 1933/34 haben in den Niederlanden 4200 jüdische Flüchtlinge gelebt. Die meisten von ihnen verstanden den Aufenthalt als Transitzeit auf dem Weg irgendwo anders hin. Die Mehrheit der emigrierten deutschen Schriftsteller hielt den Aufenthalt in Holland für einen bald sich wieder auflösenden Zwischenzustand, für eine interimistische Störung, die nach dem baldigen Abwirtschaften Hitlers und der NSDAP wieder aufhören und zum gewohnten Lebensgang führen werde. Dementsprechend wollten sie keinesfalls als Marionetten der kruden Inszenierung erscheinen, die die Nazis bereits in den ersten Monaten ihrer Herrschaft mit dem überfallartigen Umbau der Preußischen Akademie, den »Säuberungen« der Bibliotheken, den Bücherverbrennungen und der propagandistischen Verfemung politischer Gegner, jüdischer Künstler und der Intellektuellen überhaupt betrieben hatten.

Eine Sammlung von Prosatexten sollte bei Allert de Lange 1933 unter dem Titel *Der Scheiterhaufen* erscheinen und damit auf die Bücherverbrennungen hinweisen, aber der Autorenprotest gegen diese Überschrift war so nachhaltig, dass der Herausgeber Hermann Kesten das Buch unverfänglich als *Novellen deutscher Dichter der Gegenwart* veröffentlichte. Die Schriftsteller wollten sich damals keineswegs als Opfer der nazistischen Verfemung rubrizieren lassen.

Die Regierungen, denen der Unternehmer Hendrik Colijn vorstand, waren bis 1939 durchweg konservativ und von den konfessionell gebundenen Parteien getragen, verstanden sich als »antibolschewistisch« und »antisozialistisch«. Die Kommunisten bildeten nur eine – oft verteufelte – Splitterpartei, und die Sozialdemokraten waren von der Regierungsverantwortung ausgeklammert. Sie wiederum sahen ihren Hauptgegner nicht nur in der extremen Rechten, sondern auch in den Kommunisten. Die Volksfrontpolitik, die von Frankreich ausstrahlte und von Stalins Komintern betrieben (und insgeheim hintertrieben) wurde, hatte in Holland kaum Anhänger und keine Chance. Wegen

---

[13] Klaus Mann: *Amsterdam*. In: *Die Sammlung*, 1. JG, H. 6, FEBR. 1934, S. 326.

der christlich-konservativen Orientierung der holländischen Innenpolitik erschien vielen die Ausschaltung der politischen Opposition in Hitlerdeutschland in einem nicht ganz ungünstigen Licht, und der massive Antisemitismus wurde von der Regierung eher hinter vorgehaltener Hand als offen kritisiert.

Die holländische Nationaal-Socialistische Beweging (NSB) spielte anfangs nur eine marginale Rolle, erreichte aber bei den Provinzialwahlen 1935 schon acht Prozent der abgegebenen Stimmen und kam zwei Jahre später mit zwei Abgeordneten auch ins Parlament. Dennoch hat sie für die Formulierung der holländischen Flüchtlingspolitik bis 1940 keine Rolle gespielt.

Weiterziehen?
Zwischen Januar 1933 und Mai 1940, dem Monat des deutschen Überfalls, haben sich um die 50000 Flüchtlinge und Emigranten in Holland aufgehalten, wobei in diesem Fall zwischen Juden und Politischen nicht unterschieden wird. 11000 von ihnen bleiben nur wenige Tage, nutzen Amsterdam und die anderen Städte als kurzen Halt, nach dem ersten großen Sprung, dem ein zweiter oder auch ein dritter folgte.

Das Jahr 1938 mit seinen politischen Katastrophen erhöhte die Welle der Flüchtlinge schlagartig und verschärfte aber auch den Druck auf sie. Faktisch wurden die Grenzen geschlossen und nur für »humanitäre« Fälle wenige Ausnahmen zugelassen. Das Bleiberecht, falls überhaupt gewährt, erforderte einen Betrag von 10000 Gulden. Nach den Novemberpogromen 1938 in Deutschland nahm die Zahl der emigrationswilligen Juden sprunghaft zu; 40000 bis 50000 Aufnahmeanträge wurden allein für Holland gestellt, aber nur etwa 8000 deutsche und österreichische Juden durften einreisen.

Ministerpräsident Hendrik Colijn wollte es sich mit Hitlerdeutschland, dem mächtigen Nachbarn, nicht verderben. Er förderte ein Projekt, das der technischen, bäuerlichen und handwerklichen Ausbildung der jüdischen Flüchtlinge dienen sollte. Getreu der Devise, die »Durchreise« sei die wichtigste Aufgabe und nicht die Integration, konnten sich die jüdischen Emigranten auf ein Leben in Palästina vorbereiten. Mit dem Lager Westerbork, nur fünfzig Kilometer von der deutschen Grenze entfernt, gründeten die holländischen Behörden eine Einrichtung, die wenige Jahre später ohne Weiteres von der SS übernommen werden konnte und dann als Sammelstelle für Juden zur Deportation in die Konzentrationslager Auschwitz, Sobibor, Bergen-Belsen, Theresienstadt und Buchenwald, vor allem als letzte Station für die Reise in den Tod, diente. Die jüdischen Organisationen hatten die Kosten für das Flüchtlingslager Westerbork aufzubringen. Die zweite Phase der Flüchtlingspolitik endete also mit der Kasernierung der neu ins Land gekommenen Emigranten.

Aus: Veit J. Schmidinger und Wilfried F. Schoeller: *Transit Amsterdam. Deutsche Künstler im Exil 1933–1945*, edition monacensia, München 2007, S. 13 bis 27.

»Das Ich ist ein wildes Tier«
Der Universalkünstler Herbert Achternbusch

Eine Ausstellung der Monacensia München
30. November 2007 bis 11. April 2008
Ausstellungseröffnung: Donnerstag, 29. November 2007

> *Früher hat man einen Bachlauf nicht verstanden, heute wird er begradigt, das versteht jeder. Ein Bach, der so schlängelt. Karl Valentin: Das machen sie gern, die Bäch. Ich kann mich eines schlängelnden Baches nicht bedienen zur Begradigung.*
> Herbert Achternbusch

Der in München und im Waldviertel lebende Schriftsteller, Filmemacher und Maler Herbert Achternbusch gilt als einer der »wildesten Geister Bayerns« (Percy Adlon) und als einziger legitimer Nachfolger von Karl Valentin (Franz Xaver Karl). Als tiefschwarzer Komiker und weiser Sprachspieler provozierte er mit seiner eigenwilligen anarchischen Kreativität kontroverse Debatten. Sein Erstlingsroman *Die Alexanderschlacht*, erschienen 1971 bei Suhrkamp, war bahnbrechend für die Avantgarde der jungen deutschen Literatur in den 70er und 80er Jahren.

Die Monacensia hat im Jahr 2005 das literarische Archiv von Herbert Achternbusch angekauft. Die vielfältigen Materialien präsentierte sie der Öffentlichkeit im Rahmen einer Ausstellung, die von Franz Xaver Karl, Schriftsteller und Kulturredakteur beim Bayerischen Rundfunk, kuratiert wurde. Zu sehen waren u. a. Originaltyposkripte, Skizzen, illustrierte Briefe, Aquarelle und verschiedenste in Mischtechnik hergestellte Kleinodien. Präsentiert wurden außerdem die feinsinnigen Porträts der Fotografin Barbara Gass, die das Leben und Werk von Herbert Achternbusch über dreißig Jahre hinweg begleitet hat. In einem eigens eingerichteten, charmanten kleinen Kinosaal zeigte man das filmische Werk von Herbert Achternbusch.

Die Ausstellung warf einen sehr persönlichen Blick auf den Kosmos des genialischen Universalkünstlers Herbert Achternbusch, der wie kaum ein anderer eine Privatmythologie aus Begriffen, Zeichen und Bildern geschaffen hat. Letztlich ein Schürfen und Graben nach dem Glück, die Suche eines Einzelnen, der sich der herrschenden Logik mit immer neuen Ausweichbewegungen zu entziehen sucht. Sein Schreiben erscheint in paradoxaler Verkoppelung von Qual und Befreiung, stets an der Grenze zwischen Sprache und Körper. Dem Gedächtnis des Körpers vertraut Achternbusch weit mehr als jeder Vernunft. »Das Ich ist ein wildes Tier«, sagt Achternbusch. Sein Werk ist dem Magischen verpflichtet – weit mehr als jeder herrschenden Logik.

Die Ausstellung wurde durch Stadtrat Dr. Reinhard Bauer eröffnet. Herbert Achternbusch selbst war bei der Vernissage anwesend, die bewusst zeitnah zu seinem 69. Geburtstag stattfand. Mit der Ausstellung *Das Ich ist ein wildes Tier* gelang es der Monacensia, neues Interesse für den bewußt ignorierten Schriftsteller, Filmemacher und Maler Herbert Achternbusch zu wecken. Dass es für eine Wiederentdeckung des »Kunst-Berserkers« (Julian Hanich, *Tagesspiegel* vom 8. Januar 2008) an der Zeit war, zeigt die ausnahmslos positive Resonanz in den regionalen, aber auch überregionalen Medien: »Überhaupt ist zu wünschen, dass diese schöne Ausstellung den Anstoß gibt, sich wieder vermehrt mit Achternbusch zu beschäftigen«, schrieb die *Süddeutsche Zeitung* (Franz Kotteder, SZ vom 1. Dezember 2007), die *Frankfurter Allgemeine Zeitung* konstatierte: »Das Münchner Literaturarchiv Monacensia hat in einem Kraftakt Herbert Achternbusch aus der Versenkung geholt« (Hannes Hintermeier, FAZ vom 6. Dezember 2007).

»Das Ich ist ein wildes Tier«
Der Universalkünstler Herbert Achternbusch

Verantwortlich und Projektleitung: Dr. Elisabeth Tworek, Leiterin der Monacensia
Kurator: Franz Xaver Karl, Schriftsteller und Kulturredakteur
Ausstellungsgestaltung: Katharina Kuhlmann
Koordination und Pressearbeit: Sylvia Schütz, Monacensia
Mit freundlicher Unterstützung des Kulturreferates der Landeshauptstadt München und des Münchner Stadtmuseums

Zitate aus der Ausstellung

Ich entziehe mich dem Anspruch der Zivilisation ... Ich bereue es, daß ich meine übrigen Schreibarbeiten mit Überschriften versah, sichtbaren Unterteilungen, ich ärgere mich über Abschlüsse von Durchgängen, ich möchte Rohre ineinanderlegen wie in der Kanalisierung, kein Platz zum Verschnaufen, zum Verweilen, keine Folgen, keine Gesichtspunkte, nur Grau der Sprache und Splitter realen Lichts, wie eine liegengelassene Schaufel an einem Aushub, da beweist es sich, daß es keine Wörter gibt, die wie Sprengladungen die Erde in die Luft reißen.

Die können sich überhaupt nicht vorstellen, was ich mache,
weil ich nicht mit Wörtern rede, die Staat machen.

Ich möchte nicht nur deswegen ein guter Künstler sein, weil das Publikum so schlecht ist.

17 Jahre lang habe ich an einem Buch geschrieben ...
Du hast keine Chance aber nutze sie
so soll mein Buch heißen.

Diese Gegend hat mich kaputt gemacht und ich bleibe so lange, bis man ihr das anmerkt.

Mit einem jeden Satz bin ich ein anderer.

Es ist ein Leichtes, beim Gehen den Boden zu berühren.

Kunst kommt von kontern, nicht von können.

Nur die verkommenste aller Künste,
der Film, darf den Versuch wagen,
unseren Nachkommen zu sagen,
daß auch wir Menschen gewesen sind.

Ein jeder Film ist eine Oase.

In meinen Büchern entstand ich
und wenn ich mich nicht zur Idee des Filmens
durchgeschrieben hätte,
würden sie mich überflüssig machen.

Ein Mensch der lebt will uferlos schauen.

Nix ist besser als garnix.

Elisabeth Tworek
»Das Ich ist ein wildes Tier«

Meine sehr geehrten Damen und Herren,
seit heute hängt über meiner Bürotür ein gezeichnetes »Ich« – Baumringe legen sich um einen dicken Mittelpunkt. Dem »Ich« eben. Diese Zeichnung mit dem Namenszug »Ich« ist Teil der Achternbusch-Ausstellung und meiner Meinung nach zugleich Dreh- und Angelpunkt von Herbert Achternbuschs Welt. Mindestens bis zum 11. April 2008 wird dieses Gebilde dort hängen, vielleicht auch länger. Jeder Tag wird mich an Herbert Achternbusch erinnern. Es freut mich besonders, dass Sie, Herr Achternbusch, zu unserer Ausstellungseröffnung *Das Ich ist ein wildes Tier,* gekommen sind. Die Ausstellung zeigt große Teile des literarischen Archivs von Herbert Achternbusch, das die Monacensia vor gut zwei Jahren aus eigenen Mitteln angekauft hat.

Das Ich ist nicht teilbar! Deshalb zeigt die Ausstellung den Maler, Filmemacher, Schriftsteller, Fotografen Achternbusch gleichermaßen. Ich bin mit Herbert Achternbuschs Filmen erwachsen geworden, so mancher Spruch ist mir ans Herz gewachsen, seine Art, Dinge einfach zu machen, die einen drängen, ohne sich lang mit Bedenken aufzuhalten, hat mir einfach imponiert.

Herbert Achternbuschs Werk hat uns, die wir in den 1970er Jahren zwischen 20 und 30 waren, »Ich-stark« gemacht, das musste sein, um den Mief, der zu dieser Zeit noch herüberwehte aus der Adenauer-Ära, wegzupusten. Ich-stark lehnten wir jede Art von Ideologie ab, sei sie extrem rechts oder extrem links angesiedelt. Denn der Überdruss an fertigen Konzepten und Ideologien war damals bei meinen Freunden groß. Herbert Achternbusch lieferte uns in seinen Filmen die dementsprechenden Vokabeln, Sprüche und Bilder, um Ordnungsfanatikern jedweder Couleur die kalte Schulter zu zeigen. Poli und Zisti aus *Das Gespenst* waren in Murnau, wo ich aufgewachsen bin, ein geflügeltes Wort für Ordnungsfanatiker.

Von Herbert Achternbusch schauten wir ab, was es heißt, wachsam zu sein, wenn jemand von oben zugreift auf das »Ich«. »Woodstock«-geschult, wie wir waren, sagten uns die Protestsongs eines Hannes

Wader mäßig zu. Franz Josef Degenhardts Ballade *Sonntags in der kleinen Stadt* sprach uns da schon eher an, aber auch nicht so richtig. Die Gitarren-Riffs von Jimmy Hendrix bedeuteten die große Welt. Bei *I can't get no satisfaction* von den Rolling Stones rissen wir die Arme in die Luft und hatten Bob Dylans Spruch »There must be some way out of here« stets auf den Lippen. Wir lehnten grundsätzlich alles ab, was im Bücherschrank unserer Eltern zu finden war und waren auf der Suche nach Neuem. Da ließ uns ein Satz wie »Ich entziehe mich dem Anspruch der Zivilisation« aufhorchen, ebenso wie der Satz »Diese Gegend hat mich kaputt gemacht und ich bleibe so lange, bis man ihr das anmerkt«. Was heißt hier aufhorchen? Diese Sätze schlugen bei uns ein wie eine Bombe. Wir identifizierten uns sofort damit, denn diese Sätze bedeuteten Widerstand gegen das Althergebrachte und Aufbruch ins unbekannte Neue zugleich.

Herbert Achternbusch traf den Nerv der Zeit. Schnell gelangte er Mitte der 70er Jahre zu hoher Bekanntheit. Dabei behilflich war sein provozierender Auftritt bei der Verleihung des Petrarca-Preises. Seine Filme liefen in allen Kinos, auch auf dem Land. Herbert Achternbusch wurde mit Filmpreisen überhäuft, etwa mit dem Bundesfilmpreis und dem Münchner Filmpreis sowie dem Friedrich-Wilhelm-Murnau-Preis. Seine Theaterstücke eroberten die ganz großen Bühnen im deutschsprachigen Raum, seine Bücher lagen in allen Buchhandlungen und verkauften sich sehr gut. Wenn ein neues Buch herauskam, griff die Fan-Gemeinde gleich zu. In mehreren Verlagen wurden seine Bücher gleichzeitig angeboten. Doch dann – gegen Mitte der neunziger Jahre – ist es still um ihn geworden, was ich sehr schade finde und einfach nicht verstehen will. Denn für meine Generation war er wichtig. Deshalb freue ich mich, dass die Monacensia mit dieser Ausstellung wieder einmal daran erinnert, was die 1970er Jahre für eine Aufbruchzeit waren.

Wir hatten Fernweh und gierten nach dem »richtigen« Leben, das wir in unserer kleinen Welt nicht finden konnten. In der Bilderwelt von Herbert Achternbusch fanden wir diese Welt. In seinen Filmen und Texten hatte unser Widerstand ein Sprachrohr gefunden. Sein extremer Individualismus gefiel uns. Herbert Achternbusch war sein eigener Herr. Er war Regisseur, Schauspieler, Produzent in einem. Er machte Filme, die eigentlich keinen Inhalt hatten, die aber die Welt so zeigten, wie nur er sie sah. Wie er ahnte, dass alles gemeint war. Dabei ignorierte er schlicht und einfach die Grenzen zwischen den Sparten Film, Literatur, Theater und Bildender Kunst: Das dokumentiert auch die Ausstellung. Herbert Achternbusch öffnete uns den Blick, Dinge anders zu sehen. Auch wenn wir seine Filme nicht verstanden, gefielen sie uns. Sie veränderten auch unseren Blick auf die Menschen und vor allem auf die Landschaft.

Erleichternd hinzu kam, dass Filme wie *Das Andechser Gefühl* und *Die Atlantikschwimmer* oder *Der Komantsche* ganz in unserer Nähe gedreht wurden, nämlich am Walchensee, in Andechs und am Starnberger See. Natürlich auch in München auf dem Oktoberfest wie der Film *Bierkampf*. Später kamen Filme dazu, die das Weltbild unserer Eltern und Lehrer so richtig ins Rotieren brachten. Der Film *Servus Bayern*, zum Teil in Holzhausen gedreht, gehörte genauso dazu wie *Das Gespenst*. Bisher war in Ludwig-Ganghofer-Filmen oder in sogenannten Heimatfilmen die Voralpenlandschaft Kulisse gewesen, was uns sehr anödete. Jetzt entdeckten wir diese wunderschöne Landschaft völlig neu. Wir hörten die schrägen Sätze und sahen sie im Kontrast zur idyllischen Landschaft, in der sie spielten. Vor allem aber wussten wir, nur wenige Kilometer entfernt, da hinten am Starnberger See, sitzt einer, der sich nicht verkrümmt für ein bisschen Erfolg, und der sich nichts gefallen lässt.

Meiner Generation hat Herbert Achternbusch Worte gegeben für Unmutssituationen, Worte, die bis heute im Umlauf sind, auch wenn niemand mehr den Urheber Achternbusch damit verbindet, etwa »Es ist ein leichtes, beim Gehen den Boden zu berühren« oder »Nix ist besser als gar nix«, ganz zu schweigen vom legendären »Du hast keine Chance, aber nutze sie«. Das Granteln und sich Widersetzen, das in dem Satz »Jetzt erst recht nicht« kulminiert, hat in Bayerns Literatur lange Tradition, ich denke dabei an Oskar Maria Grafs »Verbrennt mich!«, aber auch an Carl Amerys Grundsatz »Resiste – ergo sum«. Aber ich denke auch an Alexej Sagerers Prozessionstheater (ProT) mit Stücken wie *Gscheng is Gscheng. Wattn oder ois brenn ma nieder* oder die Tiger-Trilogie.

Dass Herbert Achternbuschs Werk weit mehr dem Magischen verpflichtet ist als jeder herrschenden Logik, zeigt auch die von FX Karl konzipierte und von Katharina Kuhlmann gestaltete Ausstellung. Und dass man Bayern den Achternbusch schon seit längerem ansieht, davon bin ich sowieso überzeugt. Und jetzt schon erst recht.

Eröffnungsrede zur Ausstellung *Das Ich ist ein wildes Tier* am 29. November 2007.

»...und dazwischen ein schöner Rausch«
Dichter und Künstler aus aller Welt in München

Eine Ausstellung der Monacensia zur 850-Jahr-Feier der Stadt München
3. Juni bis 25. Oktober 2008
Ausstellungseröffnung: 2. Juni 2008

> *Aber Sie müssen nach München fahren. Sie haben*
> *Deutschland nicht gesehen, wenn Sie nicht in München*
> *waren. Alle Ausstellungen, das ganze künstlerische und*
> *geistige Leben Deutschlands ist in München.*
> *Im August gibt es die Wagner-Festspiele, und Mozart, und*
> *eine Ausstellung japanischer Bilder – und es gibt Bier!*
> Katherine Mansfield, 1909

Die Stadt München ist seit dem frühen 19. Jahrhundert ein Anziehungspunkt für Künstler, Musiker und Schriftsteller aus aller Welt. Wie sie München und die Münchner erlebten, welche Schauplätze sie aufsuchten, was ihnen in guter oder schlechter Erinnerung blieb, all das hinterließ Spuren in ihren Werken. Ihre Eindrücke von den Gärten, Palästen und Galerien, ihre Erlebnisse in den Straßen, Wirtshäusern und auf dem Oktoberfest fanden Eingang in die Weltliteratur. Das Ausstellungsprojekt »*... und dazwischen ein schöner Rausch« Dichter und Künstler aus aller Welt in München* mit Buch und Begleitprogramm zeigt das Bild von München aus der Sicht international renommierter Schriftsteller und Künstler des 19. und 20. Jahrhunderts.

Autobiografische Texte, Briefe, Tagebücher, Werke und persönliche Dokumente, illustriert durch historische Fotografien und Stadtansichten machen deutlich, warum diese Künstler und Schriftsteller aus dem Ausland nach München kamen, was sie erlebten, was sie besonders beeindruckte, wie die Stadt auf sie wirkte, wo sie sich gerne aufhielten. Zu nennen sind Michel de Montaigne, Orlando di Lasso, Giacomo Casanova, Felix Mendelssohn Bartholdy, Mark Twain, Henrik Ibsen, Igor Strawinski, Rainer Maria Rilke, D. H. Lawrence, Enrico Caruso,

Wassily Kandinsky, Franz Kafka, Ödön von Horváth, Thomas Wolfe, Isadora Duncan, T.S. Eliot, Samuel Beckett, Jean Giraudoux, Sándor Márai, Julien Green, John Le Carré, Miki Sakamoto, Jonathan Franzen und viele mehr.

Die Ausstellung machte deutlich, warum reisende Künstler seit Jahrhunderten in München Quartier nahmen und die Stadt besichtigten. Sie berauschten sich an der gewachsenen Architektur, betrachteten die weltberühmten Kunstsammlungen in den Galerien und Pinakotheken, genossen das würzige Münchner Bier. Und sie staunten über manche münchnerische Eigenheit: die bäuerlichen Trachten, die deftige Kost, die schweren Federbetten und den sprichwörtlichen Grant. Wenn das Föhnlicht die Gebäude erstrahlen ließ, entspannten sie sich in einem der traditionsreichen Cafés rund um den Hofgarten, genossen das südliche Flair und bekamen etwas ab von der Gelassenheit und Lebensfreude der Stadt. Die gezeigten Exponate stammten zum größten Teil aus dem Besitz der Monacensia. Ergänzt wurden sie durch zahlreiche historische Fotografien und Stadtansichten aus dem Bildbestand des Stadtarchivs München und des Münchner Stadtmuseums.

Die Ausstellung »... *und dazwischen ein schöner Rausch*«, die durch Kulturreferent Dr. Hans-Georg Küppers eröffnet wurde, war der Beitrag der Monacensia zur 850-Jahr-Feier der Stadt München im Jahr 2008. Es war die erste Literaturausstellung in der Monacensia, bei der die Stadt München selbst die Hauptdarstellerin und Gegenstand der Darstellung ist. Zu Grunde lag die Idee, einen Perspektivenwechsel vorzunehmen und die Stadt aus verschiedenen Blickwinkeln von außen zu zeigen. Als Kuratorin wirkte die Leiterin der Monacensia Dr. Elisabeth Tworek selbst. Das ebenfalls von ihr verfasste Begleitbuch erschien im Deutschen Taschenbuch Verlag, München.

Zu den Höhepunkten des Rahmenprogramms zählte die München-Revue *Grüß Gott, die Welt* in Kooperation mit der Offenen Akademie der Münchner Volkshochschule. Im Garten des Hildebrandhauses wurden auf einer Großleinwand Filme gezeigt, mit denen München seit 80 Jahren in aller Welt wirbt, dazu stellte DJ Kalle Laar den *Sound of Munich* vor und der Schauspieler Hans Jürgen Stockerl las eine Auswahl der schönsten München-Zitate.

Die Publikumsresonanz war für die Monacensia in hohem Maße positiv. Von Juni bis September besuchten rund 3000 Ausstellungsbesucher die reich bebilderte Schau. Mit der Presseresonanz zu Ausstellung, Buch und Programm kann die Monacensia überaus zufrieden sein. So lobte beispielsweise die *Frankfurter Allgemeine Zeitung* am 13. Juni 2008: »Die Ausstellung …, die den Fokus weniger auf touristische Knotenpunkte, dafür auf die idyllischen Trivialitäten des Münchner Alltagslebens richtet, beschert auch dem Einheimischen neue Eindrücke«. Die *Süddeutsche Zeitung* schrieb am 3. Juni 2008: » … [mit] Zitaten von durchreisenden, aber auch heimisch gewordenen Dichtern und Künstlern, kann man an dieser Ausstellung den eigenen, durch Routine verstellten Blick schärfen für Dinge, die man im Alltag schon längst nicht mehr sieht […]«. Der *Donaukurier* lobte das Begleitbuch als »eines der schönsten Geschenke zum 850. Geburtstag«.

»…und dazwischen ein schöner Rausch«
Dichter und Künstler aus aller Welt in München

Verantwortlich und Kuratorin: Dr. Elisabeth Tworek, Leiterin der Monacensia
Ausstellungsgestaltung: Katharina Kuhlmann
Koordination und Pressearbeit: Sylvia Schütz, Monacensia
Projektassistenz: Marie Christine Schmidt
Für die freundliche Unterstützung dankt die Monacensia der Versicherungskammer Bayern und der Arbeitsgemeinschaft Literarischer Gesellschaften und Gedenkstätten.
Publikation: Zur Ausstellung erschien im Deutschen Taschenbuch Verlag das gleichnamige Bilder-Lesebuch »… *und dazwischen ein schöner Rausch« Dichter und Künstler aus aller Welt in München* von Elisabeth Tworek, München 2008, 288 Seiten mit 260 Abbildungen

---

Zitate aus der Ausstellung

Glücklich und vergnügt war meine Ankunft.
                                                Wolfgang Amadeus Mozart

Als ich in Leipzig das Flugzeug besteige, herrschten blendender Sonnenschein und stürmischer Wind, in München aber erwarteten mich Nebel und heftiges Schneetreiben. Trotz des unfreundlichen Wetters steige ich am Marienplatz aus der S-Bahn. Ich setze mich gleich in ein Restaurant, genieße es, meine Rechnung zu bezahlen. Wie einer, der nach einer langen Reise plötzlich wieder zu Hause ist. Hab ich auf diesen Satz zufällig einmal gesagt, München sei nicht schön? München ist wunderbar.
                                                                           Imre Kertész

Stelle dir Leintücher in der Größe von Handtüchern vor, eine Zudecke, die man nicht einschlagen kann, ein schweres Federbett, das auf dem Schläfer balanciert. Nun, der Deutsche legt sich ins Bett, und das alles bleibt auf ihm liegen bis zum nächsten Morgen.

Gérard de Nerval

... geruchlos und stumm, an jenen Zeichen, die für die Städte merkwürdiger sind als ihre Hauptstraße, ihre Bavaria oder ihre Feuerwehr: an der Art, wie die Straßenbahnschaffner ihren Speichel verwenden, um die Fahrscheine zu verteilen, an einem bestimmten Wechsel der Fahrgäste.

Jean Giraudoux

Auf einer Wiese, draußen in der Isar, spielen sie Fußball. Andere sitzen am Ufer, reihenweise wie die Möwen. Werktag.

Max Frisch

Der Münchner Bürger arbeitet weniger und genießt mehr wie irgendein anderer.

Friedrich Hebbel

Sogar die nobelsten Damen gehen ins Kaffeehaus und trinken da – nicht Kaffee, sondern so zum Spaß eine Maß Bier oder zwei.

Gottfried Keller

Paris ist eine Frau, München ist Bier.

Fürst Schtscherbatow

Ich stand vier Tage kopf. Keiner sagte mir, dass Fasching bis Aschermittwoch dauert.

Freddie Mercury

Ich habe Karl Valentin 1937 gesehen, es war wohl in einem heruntergekommenen Varietétheater in München und dabei sehr traurig viel gelacht.

Samuel Beckett

Hans-Georg Küppers
»... und dazwischen ein schöner Rausch«

Meine sehr geehrten Damen und Herren,
ich bin, um das gleich vorweg zu schicken, nicht der Meinung, dass man sich München schön trinken muss, obwohl man als Außenstehender in den sommerlichen Biergärten oder dem Oktoberfest schon stark gegen den ersten Eindruck ankämpfen muss, es sei die Voraussetzung, diese rauschhafte Stadt ertragen zu können.

»München ist für mich eine der einzigartigsten Städte in Europa […] Sagen wir, es ist ein einziges Bühnenbild. Aber fügen wir hinzu, dass man dies wörtlich nehmen muss. Das Bühnenbild ist ein täuschendes Ensemble von Figuren, die etwas vorspiegeln, das existieren kann oder nicht; aber sicherlich ist das Bühnenbild ein vorsätzlicher Betrug, eine fromme Lüge. Das Faszinierende an München ist genau dies: Es ist eine künstliche Stadt. München strahlt eine überspannte Extravaganz aus, die man nicht übersehen darf. Diese Phantasie beim Einrichten einer königlichen Hauptstadt, diese leicht verrückte Grille, extravagant, luxuriös, ein wenig exhibitionistisch, dieser heitere Hang zum Schnörkel wird begleitet von einer urtümlichen Lebensfreude, als ob die Münchener die klugen und ein wenig faulen Untertanen eines verrückten Königs wären […] Und alle, auch die Fremden, werden wie in einem Königspalast empfangen, und alle erscheinen wie im Theater, wie im Spiel, als ob sie ein wenig faule, aber immer liebenswürdige Untertanen wären.«[1]

Die Beurteilung könnte von mir sein, stammt aber aus Giorgio Manganellis Essay *München, eine verrückte und künstliche Stadt* aus dem Jahr 1993.

Noch begeisterter hat sich Samuel Beckett anlässlich seiner Deutschland-Reise 1937 geäußert: »Die Isar ist ein Pipi-Flüsschen, verglichen mit dem lyrischen Main bei Würzburg und der heroischen Donau bei Regensburg – wie sie den Regen empfängt, ohne Wellen zu schlagen.

---

[1] Giorgio Manganelli: *München eine verrückte und künstliche Stadt.* In: *Konturen. Magazin für Sprache, Literatur und Landschaft.* 1/1993, S. 54 f.

Der Stahlbeton der Museumsinsel macht die Sache auch nicht besser. ›Wie versenkt man eine Insel?‹«[2]

Diese gültigen Zustandsbeschreibungen Münchens lassen sich problemlos einreihen in ein seit Jahrzehnten, wenn nicht beinahe Jahrhunderten gezeichnetes, mehr oder weniger unverändertes Bild dieser Stadt, das geprägt ist von staunender Faszination und skeptischer Distanz zugleich. Und erstaunlicherweise ist es nebensächlich, ob der Zeichner des Bildes ein Münchner im traditionellen Sinne, also ein gebürtiger Autochtone, oder ein Münchner im modernen Sinne, also ein Zugereister »mit Migrationshintergrund« ist.

Als ich in München noch Gast war, also noch nicht »vom Ernst des Lebens halb verschont«, weil ich noch keiner war, »der in München wohnt« – wie Eugen Roth so treffend festgestellt hat[3] – konnte ich diese Faszination durchaus teilen. Ich war erstaunt über die selbstverliebte Unbekümmertheit der Münchner und ihr deutlich nach Außen getragenes »Sowohl-als-Auch«, das sein Standbein in der Tradition und sein Spielbein in der Innovation hat. Wirklich spüren kann man die vielzierte »Laptop und Lederhosen«-Mentalität, die Brauchtumspflege und Dax-Unternehmen spielerisch unter einen Hut bringt, nur, wenn man sich hinein begibt in die Tummelplätze Münchner Lebensart. Dann fängt man auch an zu begreifen, dass die oft verschriene Gemächlichkeit und Gemütlichkeit ihren Grund haben. Hier entwickelt sich nichts rasant, hier wächst es langsam – aber es wächst umso fundierter. Regionalität und Internationalität, das beginnt man zu begreifen – auch, weil man selbst ein Teil dieses Konglomerates wird –, verwachsen selbstverständlich auch über den Biergarten hinaus.

Und nicht zuletzt war ich als München-Besucher zunächst verblüfft über das bereits zitierte inszenatorische Potenzial und die Theatralität, die sich nicht nur auf den Bühnen dieser Stadt präsentiert – denn die eigentliche Inszenierung findet in München auf der Straße selbst statt.

Als ich die ersten Male München besuchte, war ich verwundert. Aus Nordrhein-Westfalen kommend, wo die Schauspielhäuser neben ihrer ureigenen Funktion, Theater zu zeigen, zugleich auch Treffpunkte und Orte der Begegnung der Menschen waren, wo man sich vorher in den

---
[2] Samuel Beckett in: *Samuel Becket in Bayern*. 1937. Bayerischer Rundfunk. Redaktion Hörspiel und Medienkunst. Erstsendung am 9. Dezember 2001.
[3] Eugen Roth zit. nach Wolfgang Till und Thomas Weidner (Hrsg.):*Typisch München! Das Jubiläumsbuch des Münchner Stadtmuseums*. Edition Minerva, München 2008.

Foyers über die Dinge des alltäglichen Lebens unterhielt und anschließend über das Gesehene besprach, war ich erstaunt, dass die Menschen in München kurz vor Vorstellungsbeginn kamen und direkt danach das Haus wieder verließen. Im Laufe der Zeit habe ich es, glaubte ich, verstanden: Die Münchner bleiben nur so lange wie nötig im Theater, weil die Inszenierungen ja schon auf der Straße beginnen.

Und so hatte ich Mühe, von außen die Trennlinie zwischen Sein und Schein zu bestimmen.

Heute, nach einem knappen Jahr als Neu-Münchner, muss ich sagen: es hat sich in meiner Wahrnehmung nicht wirklich viel verändert.

Sommers in München zum Beispiel lässt sich auf den Straßen und Plätzen mitunter schwer ausmachen, ob es sich um einen Werktag oder einen Festtag handelt. Bereits 1838 hat Friedrich Hebbel einen der Gründe dafür gefunden:

> »Der Münchner Bürger arbeitet weniger und genießt mehr wie irgendein anderer. Überhaupt ist es der Gedanke an den Genuss, der ganz München elektrisiert. Und der höchste Genuss, ein gutes Glas Bier, wie leicht und wie billig ist er zu haben!«

Und es hat sicherlich mit der Genussfreudigkeit zu tun, die in dieser Stadt ebenso selbstbewusst wie selbstgenügsam gelebt wird, dass jede Begebenheit zum Ereignis wird, man da ist und sich selbst feiert.

Selbst als nüchtern geltende, sensible Künstlerseelen wie der schwedische Regisseur Ingmar Bergman, der hier nicht nur das *Schlangenei* drehte, sondern – man erinnere sich – auch am Residenztheater inszenierte, haben sich von und in dieser Stadt anregen lassen: »Es ist schön hier zu wohnen, zu leben. Das Leben ist in dieser Stadt unerhört stimulierend«, schrieb er rückblickend über seine Münchner Zeit.[4]

So scheint sich, blättert man in Elisabeth Tworeks Begleitbuch zu dieser Ausstellung, einer gelungenen Auswahl von Texten über München, dieses Isar-Athen, diese nördlichste Stadt Italiens schon seit Anbeginn allen Einwohnern, Zu- und Durchgereisten zu präsentieren.

Und diese Mischung aus mediterraner Lässigkeit und Aufgeschlossenheit und altbayerischer Standhaftigkeit und Beständigkeit bringt eher früher als später noch den schärfsten Kritiker zum Erliegen. Da mag uns in Briefen, Notizen und Reiseessays im schlimmsten Falle

---

[4] Ingmar Bergman: *Mein Leben*. In: Markus Metz und Georg Seeßlen: *Die Erschöpfung des Exils. Ingmar Bergmans Münchner Jahre*. Bayerischer Rundfunk, Redaktion: radioKultur/radioRepertoire. Erstsendung: 10. Dezember 2007. S. 27.

noch so viel distanzierte Abneigung entgegen kommen, letztlich bricht sich eine Ver-, öfter noch Bewunderung Bahn über eine Stadt und ihre Menschen, die sowohl in Deutschland als auch in der Welt keinen wirklichen Vergleich zulässt, die also unvergleichlich war, ist und aller Voraussicht nach auch noch lange bleibt.

Ist die erste Verwunderung abgeklungen, lässt sich der zunächst Fremde schnell einnehmen von der Liberalitas bavariae und von dem Weltdorf herzen.

Mittlerweile über 300 000 in München lebende Bürger mit Migrationshintergrund und jährlich 102 Millionen Touristen können nicht irren: Man muss München mögen – und wenn nur so, wie die eigene Schwiegermutter.

Und so geheimnisvoll und komplex oft die Beweggründe der Zuneigung sind, so geheimnisvoll und vielschichtig bleiben auch die Gründe, München gern zu haben. Sie in ihrer Unterschiedlichkeit eingefangen zu haben, ist das Verdienst von Elisabeth Tworek. Denn mit dieser eindrucksvollen und anschaulichen Präsentation dieser rauschhaften Stadt zeigt sie uns Münchnern auf, warum wir diese Stadt mit all ihren Widersprüchen und ihrer gesamten 850jährigen Geschichte einfach gern haben müssen. Ab und zu müssen diese Reize für die Münchner allerdings von einem objektiven Betrachter aufgezeigt werden.

Sicherlich haben Paris, Mailand und andere Weltstädte auch ihren besonderen Reiz, aber wie schon ein weiterer kritischer Künstler aus der Nachbarschaft des Kulturreferates in der Burgstraße zu bemerken wusste: »In München muss ich mich eben mit Münchner Gegebenheiten auseinandersetzen, die mir in New York sicher erspart blieben.« Und Herbert Achternbusch muss es wissen, er ist schließlich hier geboren.

Auch ich setze mich mittlerweile tagtäglich mit Münchner Gegebenheiten auseinander. Hätte man mir früher erzählt, dass man schleichend, für einen selbst kaum bemerkbar, zum Münchner wird, hätte ich gesagt: »Na ja. Typisch Münchner Selbstbewusstsein!«

Jetzt weiß ich: »Es passt scho!«

Eröffnungsrede zur Ausstellung »*... und dazwischen ein schöner Rausch*« am 2. Juni 2008.

Elisabeth Tworek
Der fremde Blick auf München

Prolog
München von außen

Wie empfängt München einen Besucher aus einer anderen Stadt, einem anderen Land oder Kontinent, der zum ersten Mal hierher kommt? Der möglicherweise die deutsche Sprache nicht beherrscht oder die Eigenheiten des Münchner Dialekts nicht versteht? Der sich in den vorgefundenen Sitten nicht zurechtfindet? Andersherum gefragt: Was ist der erste Eindruck des fremden Besuchers, wenn er am Hauptbahnhof aus dem Zug steigt oder auf dem Flughafen draußen vor der Stadt landet? Was ist für ihn völlig neu? Was erstaunt ihn? Was bringt ihn zum Kopfschütteln? Was macht ihn neugierig darauf, mehr von München und den Münchnern zu erfahren?

München ist vielfach von literarischen Größen beschrieben worden: von Thomas Mann, Karl Valentin, Oskar Maria Graf, Annette Kolb, Lion Feuchtwanger, Lena Christ, Frank Wedekind, Carl Amery, Herbert Achternbusch, Franziska Gräfin zu Reventlow, die dem vorliegenden Buch den Titel gab, und vielen mehr. Sie sind in München geboren, aufgewachsen oder haben einen Teil ihres Lebens dort verbracht. Sie gehören zu dieser Stadt wie die klassizistischen Bauten und das Bier. Die Stadt erschloss sich ihnen von innen. Das, was diese Stadt für sie ausmachte, hielten sie in ihren Texten fest. Zum Teil wurde daraus Weltliteratur. Das vorliegende Buch nimmt einen Perspektivenwechsel vor und schaut von außen auf München. Bis zur Gründung des Deutschen Reiches 1871 stammt diese Außenansicht von Nichtbayern, von Literaten und Künstlern also, die als Reisende aus nahen oder fernen Fürstentümern in die Stadt kamen. Nach der Reichsgründung habe ich mich auf Nichtdeutsche beschränkt. Deren Eindrücke, Erlebnisse und Erfahrungen sind fremde Blicke auf die Stadt; sie können die eigene Sichtweise hinterfragen und erweitern. Das vermeintlich bekannte München erscheint in einem ganz neuen Licht.

Manchmal ist dieser Blick, selbst wenn er von kritischen Künstlern und Literaten stammt, ein Blick auf eine wunderschöne Kulisse. Der Beschauer zeigt sich geblendet vom schönen Schein der Stadt. So erging es dem französischen Schriftsteller Dominique Durandy, der nach seinem Aufenthalt 1910 meint: »München ist das Lächeln des strengen und stillen Deutschland. Man atmet freudig auf in dieser schönen, eleganten Stadt. Auf allen Straßen herrschen Frohsinn und Heiterkeit.« Anders nahm zeitgleich ein Gast aus Japan München wahr. Er registrierte vor allem Dinge, die in seiner eigenen Kultur tabuisiert waren: »Liebespaare, wie sie in Deutschland allerorts zwanglos verkehren, trifft man in Japan nicht an.« Der amerikanische Schriftsteller Thomas Wolfe war bei seinem Münchenaufenthalt von der Fülle an dargebotenen Köstlichkeiten angetan, »von Würsten jeder Form und Sorte, bei denen mir buchstäblich das Wasser im Munde zusammenlief, von Käse, köstlichem Braten, geräucherten Schinken und hohen, schlanken Weinflaschen«[1]. Als Vegetarier oder Muslim hätte er dieses Schlaraffenland anders wahrgenommen. Lange bevor es in Diskotheken die egalisierende Rockmusik gab, wurde Fremden und Einheimischen auf dem Tanzboden sehr schnell klar, wie unterschiedlich sie sich zur Musik bewegten. Der englische Schriftsteller D. H. Lawrence sah auf einer Wanderung in den bayerischen Alpen einem Bauernburschen beim Tanzen zu. Es war ein Blick in eine ihm bisher verschlossene, archaische Welt.

> »Wie kräftig und muskulös er war, das grobe männliche Tier mit seinen großen, neugierigen blauen Augen! Er packte sie mit seinen großen Händen unter den Brüsten und warf sie im Augenblick des Tanzhöhepunktes in die Luft und stampfte wie ein Stier mit seinen großen beschuhten Füßen. Und Johanna stieß einen bewusstlosen Schrei aus, wie ihn eine Frau auf dem Höhepunkt der Umarmung ausstößt.«[2]

Dichterkollegen, die viele Jahrzehnte oder für immer in München blieben, lernten neben der Schokoladenseite auch die Schattenseiten ihrer zweiten Heimat kennen: »Die Münchener Bürger kümmerten sich nicht um Politik, und ihr ererbter Liberalismus äußerte sich nicht im Freihandel, sondern in einer Duldsamkeit gegen den Rausch, die Besoffenen. Freie Bahn dem Besoffenen, das war die Parole«[3] (Ödön von Horváth).

---
[1] Thomas Wolfe: *Geweb und Fels*. Reinbek bei Hamburg o .J., S. 211.
[2] David Herbert Lawrence: *Mr. Noon*. Zürich 1985, S. 43.
[3] Ödön von Horváth: *Charlotte. Roman einer Kellnerin*. In: *Himmelwärts*. Hrsg. Von Klaus Kastberger. Frankfurt am Main 2001, S. 24.

Die Literatur entführt in fremde Welten, sie ermöglicht es, beim Lesen in fremde Gefühle, Erfahrungen und Gedanken einzutauchen. Das bereichert das eigene Leben und macht neugierig. Beim vorliegenden Buch ging es nicht darum, möglichst viele München-Besucher aus Kunst, Musik und Literatur aufzulisten. Vielmehr wollte ich in Zitaten aus ihren Tagebüchern, Briefen, Autobiografien, Romanen, Theaterstücken und Essays eine Welt einfangen, die heute größtenteils für das Auge nicht mehr sichtbar ist. In Kombination mit zeitgerechten Abbildungen entsteht eine Welt, die nur noch in Kunst und Literatur existiert. Zitate und Bilder legen die verschiedenen historischen Schichten Münchens frei, die sich wie Segmente übereinander abgelagert haben. Diese lebendige Auseinandersetzung mit der Stadt holt eine längst verlorene Zeit wieder ans Tageslicht und verleiht dem nächsten Stadtspaziergang Profil und Tiefe.

Ankommen
Der erste Blick

Was bekam der französische Philosoph Michel de Montaigne zu sehen, als er sich am 20. Oktober 1580 gegen Mittag vom Westen her München, »der Kapitale des Herzogtums Bayern« näherte? Von weither zeigte die Silhouette der umfriedeten Stadt viele verschiedene Türme: die charakteristischen Doppeltürme der Frauenkirche, die Kirchtürme von Heiliggeist und Sankt Peter, den Turm des Alten Rathauses sowie den gerade fertig gestellten Roten Turm an der Isar. Montaigne schätzte die Stadt auf »etwa so groß wie Bordeaux«, wo er lebte. München hatte damals gerade einmal 20000 Einwohner in 1265 »Behausungen«. »In unseren Münchner Zimmern hatten die Betten zwar Vorhänge, aber keine Baldachine. Doch wirkt alles insgesamt sehr sauber. Sie bohnern die Fußböden mit heißer Sägemehlwichse.«[4] Am nächsten Tag verließ die Reisegruppe in aller Frühe die Stadt durch das Isartor. Die Kutsche rollte über die hölzerne Isarbrücke und nahm den Weg entlang der Isar flussaufwärts in Richtung Königsdorf, wo man am Abend Quartier nahm. Erst am übernächsten Tag kam Montaigne mit seinen Gefolgsleuten in Mittenwald an. Wie Goethe auf seiner *Italienischen*

---

[4] Michel de Montaigne: *Tagebuch einer Reise durch Italien, die Schweiz und Deutschland in den Jahren 1580 und 1581.* Frankfurt am Main 1988, S. 38.

Reise wählte bereits Montaigne die Route über den Kesselberg. Erst seit 1492 gab es diese kürzeste Handelsverbindung zwischen München und Mittenwald. Der zuvor holprige Saumpfad vom Kochelsee hinauf zum Walchensee war durch Felsdurchbrüche zu einer richtigen Straße mit neun Kehren ausgebaut worden. Auf seiner Reise nach Italien war Montaigne als Forschungsreisender unterwegs, der Sitten, Gebräuche, Essen, Landschaft und Leute erkundete. Ganz anders sein Zeitgenosse Orlando di Lasso: Der Komponist und Hofmusiker am Hofe Herzog Albrecht V. in München wollte an den europäischen Höfen Musik machen und eilte mit seiner Kutsche auf dem schnellsten Weg von einem Konzert zum anderen.

Zweihundert Jahre später nahm der gräfliche Bibliothekar Giacomo Casanova auf seiner Fahrt von Venedig nach München bereits die Postkutsche. Sie verkehrte regelmäßig auf festen Routen mit festen Haltestationen, den sogenannten Posthaltereien. Dort wurden die Pferde gewechselt und versorgt. Die Reisenden bekamen etwas zu essen und, je nach Geldbeutel, eine Schlafgelegenheit zugewiesen. Bei Tagesanbruch ging es weiter. Die »fahrende Post« transportierte nur Briefe und Pakete, zu Casanovas Zeit nahm sie bereits Personen und Reisegepäck mit. Gemeinsam mit einem lasterhaften Mönch war Casanova die Flucht aus den vermeintlich ausbruchsicheren Bleikammern seiner Heimatstadt Venedig geglückt. Auf dem Weg nach Paris machten die beiden Scharlatane am 1. November 1756 in München Station. Das Reisen in der Postkutsche muss damals ausgesprochen strapaziös gewesen sein, das belegt auch Mozarts Brief vom 8. November 1780 an seinen Vater. Mit knapp sechs Jahren hatte Mozart zum ersten Mal München gesehen. Am 12. Januar 1762 war er mit seinen Eltern und der zwölfjährigen Schwester Maria Anna von Salzburg aufgebrochen. Die Fahrt mit der Postkutsche nach München dauerte etwa 22 Stunden mit Zwischenstation in Wasserburg. München war im Juni 1763 die erste Etappe der dreieinhalbjährigen Konzertreise kreuz und quer durch Europa, wo Leopold Mozart seinen Jungvirtuosen den europäischen Höfen präsentierte. Diese Reise war für den äußerst geräuschempfindlichen Wunderknaben sicher eine einzige Qual, wenn sie auch den Mythos vom göttlichen, die Welt bezaubernden Wunderkind begründete.

Der dänische Schriftsteller Hans Christian Andersen war erstmals 1834 in München, ein Jahr bevor die erste Fahrt der Dampflok auf der sechs Kilometer langen Eisenbahnstrecke zwischen Nürnberg und Fürth den Reiseverkehr in Deutschland revolutionierte. Als Andersen im Herbst 1840 wieder nach München kam, hatte er die Möglichkeit, in nur zweieinhalb Stunden mit der Eisenbahn von München nach Augsburg zu reisen. Der erste Streckenabschnitt bis Lochhausen im Westen Münchens wurde am 1. September 1839 in Betrieb genommen. Der russische Diplomat und Schriftsteller Tjutschew war dabei, als wenige Tage vor der offiziellen Eröffnung die Dampflok mehrmals zwischen dem hölzernen Bahnhofsprovisorium am Marsfeld und dem stillen Dörfchen Lochhausen verkehrte. Die Extrafahrt einfach dauerte 25 Minuten und war ein Werbegeschenk an die Münchner Bürger. Bereits wenige Jahrzehnte später verband ein gut funktionierendes Bahnnetz die großen und kleinen Städte Europas.

Als das hölzerne Bahnhofsprovisorium 1847 abbrannte, wurde der Münchner Bahnhof an seine heutige Stelle verlegt. 1849 konnte der von Friedrich Bürklein entworfene Zentralbahnhof mit der mächtigen hölzernen Einstiegshalle in Betrieb genommen werden. Dort verließ der Schweizer Schriftsteller Gottfried Keller 1874 auf der Heimreise nach Zürich nach achteinhalb Stunden Fahrzeit bequem den Zug aus Wien. München hatte jetzt bereits über 193 000 Einwohner. Nach den Erweiterungen in den Jahren 1876 bis 1884 galt der Bahnhof im Renaissance-Stil mit einer nun von einer Eisen-Glas-Konstruktion gehaltenen vierschiffigen Gleishalle als Inbegriff des modernen deutschen Großstadtbahnhofs. Er war der erste Eindruck, den der griechische Schriftsteller Antonios Sigalas gewann, als er 1910 zum Studieren in München eintraf. Mit der Pferdedroschke, die auf dem Bahnhofsvorplatz auf ankommende Reisende wartete, begab er sich in sein Quartier. Ein Brief des englischen Komponisten Edward Elgar an seine Neffen verrät, wie fremd den Nichtmünchnern 1892 das Droschkenwesen vorkam. Man konnte zwischen der Fahrt mit dem Einspänner und dem Zweispänner (Fiaker) wählen. Die erste Viertelstunde mit dem Einspänner kostete siebzig Pfennige, jede folgende Viertelstunde fünfzig Pfennige. Der Zweispänner war gut doppelt so teuer. Der junge Franz Kafka und sein Freund Max Brod wählten im März 1911 bei ihrer Spritztour durch München bereits die »Taxometerdroschke«. Auf einer gemeinsamen Reise von Prag nach Zürich, Luzern, Lugano und Mailand nutzten sie den Zwischenhalt von nur einer halben Stunde für eine Stadtbesichtigung. Eingepfercht in ein Taxi, rasten sie in nur zwanzig Minuten in atemberaubendem Tempo durch das verregnete München.

Mit der Eröffnung des Flughafens Riem im März 1955 bekam der Bahnverkehr gewaltige Konkurrenz aus der Luft. Schon bald war die Millionenstadt München mit der ganzen Welt verbunden. Als der Amerikaner Jonathan Franzen und die Japanerin Miki Sakamoto Mitte 1970 nach München zum Studieren kamen, betraten sie am Flughafen Riem europäischen Boden. Gut zwanzig Jahre später landete der ungarische Nobelpreisträger Imre Kertäsz auf einem Inlandsflug bereits auf dem hochmodernen Flughafen München II bei Erding, der 1992 den veralteten Flughafen Riem abgelöst hatte, und nahm die S-Bahn zum Marienplatz. Die Welt war in nur 150 Jahren immer enger zusammengewachsen.

Aus: Elisabeth Tworek, *»… und dazwischen ein schöner Rausch«. Dichter und Künstler aus aller Welt in München*. Begleitbuch zur gleichnamigen Ausstellung. München 2008, S. 7–9 und S. 12–15.

Volkskünstlerinnen
Liesl Karlstadt, Erni Singerl, Bally Prell

Eine Ausstellung der Monacensia
26. November 2008 bis 15. Mai 2009
Ausstellungseröffnung: Dienstag, 25. November 2008

Drei Frauen standen im Zentrum der volkstümlichen Unterhaltung der 1950er Jahre in München. Sie waren die Stars bei Theateraufführungen im Volkstheater und in der *Kleinen Komödie*, sie spielten und sangen im *Platzl*, der damals populärsten Bühne Münchens und waren die Attraktionen bei Bunten Abenden des Bayerischen Rundfunks, in Sendungen wie *Weißblaue Drehorgel*: Liesl Karlstadt, Karl Valentins legendäre Partnerin und in ihrer zweiten Karriere die »Mutter aller Bayern«, Bally Prell als die begnadete Sängerin mit der tiefen Stimme, die ewige »Schönheitskönigin von Schneizlreuth«, und Erni Singerl, eine Vollblutkomödiantin, die zum Fernsehstar wurde.

Die Ausstellung zeigte das Leben und Wirken der populärsten Münchner Volkskünstlerinnen: drei höchst unterschiedliche Karrieren von drei völlig verschiedenen Frauen, die das Wesen der typisch münchnerischen Unterhaltung prägten. Sie basierte zum großen Teil auf Materialien und Dokumenten aus den Nachlässen von Liesl Karlstadt, Bally Prell und Erni Singerl, die sich im Besitz der Monacensia befinden. Mit vielen Originaldokumenten, Fotos und Plakaten, Filmausschnitten und Hörbeispielen, Briefen und Programmen, zeichnet die Schau ein lebendiges Bild der volkstümlichen Unterhaltung in München – insbesondere in den 1950er Jahren – und der Lebensstationen der drei ungewöhnlichen Künstlerinnen.

Im Spiegel der Volkskunst wird zugleich das Lebensgefühl der Menschen sichtbar, des Publikums. Die Unterhaltung bildet das soziale und gesellschaftliche Wertesystem ihrer jeweiligen Zeit ab und erlaubt Rückschlüsse auf Verhaltensmuster und Ideale. Die Szenen, Stücke und Lieder der drei Volkskünstlerinnen gaben Antworten auf Fragen:

Was ist bayerische Eigenart, womit bestimmt sie sich, wodurch grenzt sie sich ab? Wie stark war die identitätsbildende und integrative Funktion der populären Unterhaltung? Und was haben diese drei Frauen als Künstlerinnen und durch die Rollen, die sie verkörperten, hierzu beigetragen?

Anhand dieser Fragestellungen hat der versierte Münchner Volkskundler Andreas Koll die Archive von Liesl Karlstadt, Erni Singerl und Bally Prell ausgewertet und als Kurator die Ausstellung *Volkskünstlerinnen* inhaltlich konzipiert. Seine Ergebnisse sind auch im Begleitbuch zur Ausstellung nachzulesen, das in der *edition monacensia* erschienen ist. Wie lebhaft das Interesse an den drei Unterhaltungsstars der 50er Jahre ist, zeigte sich bereits in den ersten vier Wochen der Ausstellungsdauer am regen Publikumszuspruch und an der reichlichen Berichterstattung in Printmedien, Hörfunk und Fernsehen, wo Beiträge in *Lesezeichen, Abendschau, Capriccio* und *Zwischen Schwaben und Altbayern* gesendet wurden. »Eine wunderbare Ausstellung in der Monacensia würdigt große Münchner Volkskünstlerinnen« lobte Mirko Weber in der *Stuttgarter Zeitung* (26. November 2008) und empfahl das Begleitbuch von Andreas Koll als »blitzgescheite Abhandlung«. Eva-Elisabeth Fischer von der *Süddeutschen Zeitung* hob die konzeptionelle Herangehensweise von Andreas Koll hervor und stellte fest: »Der Volkskundler Andreas Koll hat eine Ausstellung konzipiert, an der man sich reiben, an die man Fragen stellen kann, welche man längst schon einmal für sich beantwortet zu haben glaubte. Oder die man in diesem Zusammenhang so nicht gestellt hat« (26. November 2008).

Eröffnet wurde die Ausstellung durch Kulturreferent Dr. Hans-Georg Küppers; Grußworte sprach Stadtrat Josef Schmid. Das umfangreiche Rahmenprogramm startete im Januar 2009 mit einem Matinee-Gespräch zur Sprache, Mentalität und Alltagskultur in der Weltstadt München. Zwei versierte Kenner der bayerischen Volksseele, die Schauspieler und Kabarettisten Ottfried Fischer und Christian Springer unterhielten sich mit Dr. Elisabeth Tworek über das Wesen des Münchnerischen. Der starke Besucherandrang bestätigte, wie groß derzeit das Interesse am Heimatbewusstsein und an der Erforschung der eigenen Wurzeln ist.

Volkskünstlerinnen
Liesl Karlstadt, Erni Singerl, Bally Prell
Verantwortlich und Projektleitung: Dr. Elisabeth Tworek, Leiterin der Monacensia
Kurator: Andreas Koll
Ausstellungsgestaltung: Katharina Kuhlmann
Koordination und Pressearbeit: Sylvia Schütz, Monacensia
Veranstalter: Monacensia. Literaturarchiv und Bibliothek
In Zusammenarbeit mit dem Bayerischen Rundfunk/Hörfunk und Fernsehen

Mit freundlicher Unterstützung des Kulturreferats und der Gleichstellungsstelle für Frauen der Landeshauptstadt München

Publikation: Zur Ausstellung erschien in der *edition monacensia* im Allitera Verlag die gleichnamige Publikation *Volkskünstlerinnen. Liesl Karlstadt, Bally Prell, Erni Singerl* von Andreas Koll. Mit einem Vorwort von Oberbürgermeister Christian Ude und zahlreichen Abbildungen, München 2008, 179 Seiten mit 250 Abbildungen

Zitate aus der Ausstellung

Wissen S', auf der Bühne, da hab i halt die Schneid, aber nachher is alles wieder vorbei.
Liesl Karlstadt

Wissen Sie, Sie sind zu schlank als Soubrette und außerdem schaun Sie aus wie ein Kommunionmäderl auf der Bühne. Ich tät Ihnen empfehlen, dass Sie sich aufs komische Fach verlegen.
Karl Valentin

Und dann hat der Valentin mir vorgeschlagen, ob wir uns nicht zusammentun möchten.
Liesl Karlstadt

... dann hab ich alles auf Papierzettel geschrieben. Ich hab oft einen ganzen Stoß solcher Zettel gehabt und hab's dann zuhause zusammengesetzt, so entstand dann allmählich das Stück.
Liesl Karlstadt

Schon als Kind war ich eine kleine »Gschaftlhuberin« und hab mich gern ein wenig in den Vordergrund gedrängt.
Erni Singerl

Am liebsten spiel ich einfache Frauen, die das Herz am rechten Fleck haben.
Erni Singerl

Leicht und schön ist mein Weg nicht immer gewesen, ich bin ihn halt gegangen – was sonst!?

Erni Singerl

Dem Vatl hab ich alles zu verdanken.

Bally Prell

Ich bin eine reinrassige Münchnerin, wenn ich von München weg käme, und wärs über den Ozean, zu Fuß tät ich wieder zurück laufen.

Bally Prell

Der Vater wollt einen Buben. Und weil sie das nicht war, wollte sie ihm das erfüllen und hat schon in frühester Jugend ihre Stimme auf ganz tief gestellt, damit der Vater wenigstens das Gefühl hat, er hat einen Buben.

Ruth Megary

Hans Georg Küppers
Volkskünstlerinnen

Meine sehr geehrten Damen und Herren,
wer die Ausstellung »… und dazwischen ein schöner Rausch«. *Dichter und Künstler aus aller Welt in München* gesehen hat, die bis vor wenigen Wochen noch hier in den Räumen der Monacensia gezeigt wurde, für den ist die Ausstellung, die wir heute eröffnen, eine geradezu ideale Ergänzung und Fortführung.

Der Fokus richtet sich dieses Mal nach dem »fremden Blick« auf die Stadt München und ihre Bewohner nun auf das, was das innere Selbstverständnis, sozusagen den Wesenskern des Münchnerischen Seins, weniger des Scheins, ausmacht. Dieses typische Münchner Lebensgefühl (und irgendwie scheint es davon Dutzende zu geben, zumindest habe ich in den vergangenen 17 Monaten schon einige verschiedene beschworen) hat in der Volkssängerkultur seinen urwüchsigen Ausdruck.

Wobei der Begriff »Volkssänger« eigentlich irreführend ist. Natürlich wurde gesungen, und zwar nicht zu knapp, doch »Volkssänger« ist eigentlich ein Genrebegriff, der damals so gut wie alle Formen der populären volkstümlichen Unterhaltung beinhaltete.

Städtische Unterhaltungskultur

Die Volkssängerunterhaltung war Unterhaltung für die Massen. Einen ihr heute entsprechenden Vergleich anzustellen ist schwer, denn sie ist ein rein städtisches Phänomen, das nicht zu trennen ist von der demographischen, sozialen und gesellschaftspolitischen Entwicklung dieser Stadt. Das Geheimnis ihres Erfolges lag in der Nähe zum Publikum. Die Geschichten erzählten vom alltäglichen Leben in der Stadt, vom Leben der Neumünchner, die vor noch nicht allzu langer Zeit vom Land in die Stadt gezogen waren – mit dem Ziel des sozialen Aufstiegs. Als »Stimme der Vorstadt« ist die Volkssängerunterhaltung Ausdruck der Haltung und des Lebensgefühls der Bevölkerungsgruppen, die am

Rande der etablierten gesellschaftlichen Schichten ihre eigenen kulturellen Äußerungen hervorbringen. In ihrer rohen Art, mit ihrer teils derben Sprache bildet sie einen ungeschliffenen Gegensatz zum Kulturbegriff der Eliten. Das aus den Untiefen der Bäuche kommende, grölende Lachen des Publikums in den rauchverhangenen Brettlbühnen ist nicht vereinbar mit dem hochgeistigen, sinnlichen und gesitteten Kunstgenuss des etablierten gutbürgerlichen Kulturpublikums.

Münchner Lebensgefühl

Die Volkssänger waren die beliebtesten Unterhalter in der Stadt, denn sie führten den Münchnern mit ihren Liedern und Couplets, Stücken und Programmnummern ihr Wesen, ihre Mentalität wie in einem Spiegel vor Augen. Das, was man die Münchner Seele nennen könnte, nahm in den Singspielhallen, auf den Bühnen und Brettln, Gestalt an. Die Kraft, der Witz und die Lebendigkeit, die hier von der Volkskultur ausgingen, waren vor allem immer die Reaktion auf die unmittelbare Lebenswirklichkeit des Hier und Jetzt. Der Stoff der Volkskünstler, die Geschichten, die sie erzählten, die Charaktere, die sie vorspielten, waren exakt die Vorstadt-Typen und -Lebensformen, die das Publikum kannte, über deren humoristische Überzeichnungen es lachte und sich dabei doch mit ihnen identifizierte: »Ja, so sind wir nun mal« oder – wie wir auch von Erni Singerl alias Ratsch-Kathl noch hören werden: »Mia schreibm uns uns und mia san mia«. So entstanden Kultfiguren, deren Verhaltensmuster auf der Bühne für die Leute im Publikum vorbildhaft wirkte. Das war wichtig, gerade vor dem Hintergrund der massiven sozialen Probleme, die das Leben in der Stadt München für einfache Leute mit sich brachte. Die Stadt wuchs über ihre Stadttore hinaus, und es bildete sich eine völlig neue Bevölkerungsschicht mit eigenen Lebensweisen, Idealen und Hoffnungen.

Volkssänger-Ausstellung im Valentin-Karlstadt-Musäum

Ziemlich genau vor einem Jahr haben wir im Münchner Valentin-Karlstadt-Musäum die sehenswerte Dauerausstellung *An jedem Eck a Gaudi, die Geschichte der Volkssänger in München* eröffnet, die ebenfalls von Andreas Koll kenntnisreich und detailliert kuratiert wurde. Die Volkssängerunterhaltung war sowohl auf der Bühne wie in der Organisation eine Männerdomäne. Die Stars jeder Volkssänger-Gesellschaft waren die Männer. Das Sagen hatten die Darsteller der lebenslustigen, schlagfertigen und vor allem selbstbewussten Vorstadt-Hallodries. An die Frauenrollen wurde vor allem eine Erwartung gerichtet: Kess und frech hatten sie zu sein! Die Bühnenkünstlerinnen waren die wichtigste Zierde eines jeden Theaterunternehmens. Sie brillierten auf der Bühne als Soubretten, als Jodlerinnen oder Tänzerinnen im Dirndl, als keifende Alte oder als das Fräulein, das am Ende jeder Posse geheiratet wurde. Als Solo-Rollen für Frauen gab es hauptsächlich eine: die der Münchner Ratsch-Kathl, mit ihrem berühmt-berüchtigten Mundwerk. Hierzu gehören herausragend Ida Schumacher, Kathi Prechtl, Elise Aulinger und, als zeitgenössische Vertreterin der Ratsch-Kathl, Maria Peschek.

Wie weit die Verehrung der Stadt München für ihre Volkskünstlerinnen geht, lässt sich an der Tatsache festmachen, dass die einzigen vier Standbilder von Frauen in der Stadt Volkskünstlerinnen gewidmet sind: Liesl Karlstadt, Ida Schumacher und Elise Aulinger auf dem Viktualienmarkt, Bally Prell an der Leopoldstraße 77.

Liesl Karlstadt, Erni Singerl, Bally Prell

Liesl Karlstadt, die langjährige Bühnenpartnerin von Karl Valentin, die mit ihrer warmherzigen, mütterlichen Art eine zweite Karriere im Rundfunk machte, Erni Singerl, Energiewunder und Vollblutkomödiantin, die nichts so sehr liebte wie den Publikumsbeifall, und Bally Prell, die kugelrunde »Schönheitskönigin von Schneizlreuth«, die mit ihrer bemerkenswerten Tenorstimme eines der schönsten München-Lieder geschaffen hat, das *Isarmärchen* (das selbstverständlich in der Ausstellung zu hören sein wird): Alle drei waren sie waschechte Münchnerinnen – Schwabingerinnen: Liesl Karlstadt geboren und aufgewachsen in der Zieblandstraße, an der Grenze zwischen der Maxvorstadt und Schwabing, Erni Singerl, aufgewachsen in der Osterwaldstraße in unmittelbarer Nähe des Englischen Gartens, und Bally Prell, die bis zu ihrem Tod in der elterlichen Wohnung in der Leopoldstraße lebte. Alle drei waren sie fest verwurzelt in der Stadt München. Mentalität und Ausdrucksformen der Münchner und des Münchnerischen war ihnen von klein auf vertraut. Bally Prell drückte ihre Verbundenheit mit der Stadt in der ihr gemäßen Art aus: »Ich bin eine reinrassige Münchnerin, wenn ich von München weg käme, und wärs über den Ozean, zu Fuß tät ich wieder zurück laufen«. Alle drei haben sich auf ihre Weise über die gesellschaftlich verbürgte Rolle, in der sich Frauen ihrer jeweiligen Generation zu fügen hatten, hinweggesetzt. Jede hat in ihrer ganz eigenen Art und Weise das Wesen der typisch Münchnerischen Unterhaltung mit geprägt. Alle drei spielten und sangen auf den populärsten Bühnen Münchens, alle drei waren sie Attraktionen des Bayerischen Rundfunks, der nach Kriegsende zum wichtigsten Kommunikationsmedium für die Massenunterhaltung wurde.

Hier in der Monacensia sind die Nachlässe von Liesl Karlstadt, Erni Singerl und Bally Prell zu finden. Denn zur Erwerbspolitik der Monacensia gehört es, neben reinen Schriftsteller-Archiven auch die Nachlässe von »typischen Münchner Persönlichkeiten« zu sammeln, Kabarettisten und Volkssänger gehören daher selbstverständlich auch zum Sammlungsbestand. Die Volkskünstlerinnen und Volkskünstler dokumentieren mit ihren Liedern und Stücken auf unmittelbare, lebensnahe Art wichtige Prozesse der Entwicklung der Stadtgesellschaft. Damit sind sie ein wichtiger Bestandteil unseres urbanen kulturellen Gedächtnisses.

Beispielhaft an diesen drei herausragenden Persönlichkeiten und ihrem Wirken speziell in den 1950er Jahren erweist die Stadt München mit dieser Ausstellung in der Monacensia ihren Volkskünstlerinnen wiederum die ihnen gebührende Ehre und trägt dabei auch posthum zum Gender Mainstreaming dieses Genres bei.

Mein Dank an alle Beteiligten, er gilt insbesondere Andreas Koll, dem Kurator der Ausstellung.

Eröffnungsrede zur Ausstellung *Volkskünstlerinnen* am 25. November 2008.

Exil am Mittelmeer

Deutsche Schriftsteller in Südfrankreich 1933–1941

Eine Ausstellung der Monacensia
in der Galerie im Georgshof · Alfred Toepfer Stiftung F.V.S. Hamburg
11. Juni bis 9. September 2008
Ausstellungseröffnung: 10. Juni 2008, 18.00 Uhr

Im Rahmen der Feierlichkeiten zum 50-jährigen Bestehen der Städtepartnerschaft zwischen Hamburg und Marseille zeigte die Alfred Toepfer Stiftung F.V.S. die Ausstellung *Exil am Mittelmeer. Deutsche Schriftsteller in Südfrankreich 1933–1941*.

Die Ausstellung, die vom 12. Mai bis 18. November 2005 in der Monacensia zu sehen war, dokumentiert die Lebens- und Arbeitsbedingungen der deutschen Schriftsteller im südfranzösischen Exil. Die Exponate stammen zum Großteil aus dem Literaturarchiv der Monacensia, das mit den Nachlässen von Klaus und Erika Mann, Annette Kolb, Alfred Neumann und Hermann Kesten eine Fülle von Briefen und Dokumenten zum Thema bewahrt.

Ein kleiner Fischerort an der Côte d'Azur ist zum Symbol für ein ganzes Kapitel deutscher Literaturgeschichte geworden: Sanary-sur-mer. In den Jahren zwischen 1933 und 1941 lebten dort zeitweilig oder dauerhaft Lion Feuchtwanger, Franz Werfel, Thomas Mann, René Schickele, Ludwig Marcuse. Und nahezu alle Schriftsteller, die nach Frankreich emigriert waren, kamen zu Besuch. Heinrich Mann wohnte unweit von Sanary in Nizza, eine Zeit lang sogar unter einem Dach mit Joseph Roth und Hermann Kesten. Annette Kolb traf sich hier mit dem Verleger Kurt Wolff, Klaus Mann besuchte sie alle, um mit ihnen über Veröffentlichungen in seiner Exilzeitschrift *Die Sammlung* zu verhandeln und selbst zu schreiben. »Es war ein ganz reiches geistiges Leben«, erinnerte sich Alfred Kantorowicz später, »das gleichwohl ständig von der Angst um Deutschland und durch die materielle Not der weniger bekannten Autoren überschattet wurde«.

Exil am Mittelmeer
Deutsche Schriftsteller in Südfrankreich 1933–941

Projektleitung: Dr. Elisabeth Tworek, Leiterin der Monacensia
Kuratoren: Ulrike Voswinckel, Frank Berninger
Ausstellungsgestaltung: Nicola Piening, Tobias Wittenborn, Katharina Kuhlmann

Publikation: Zur Ausstellung erschien in der Reihe *edition monacensia* das Begleitbuch *Exil am Mittelmeer. Deutsche Schriftsteller in Südfrankreich 1933 bis 1941*, von Ulrike Voswinckel und Frank Berninger, Allitera Verlag München 2005, 284 Seiten.

Übersetzung: Das Buch wurde 2008 von Alain Huriot ins Französische übersetzt und erschien 2009 im Verlag Seuil unter dem Titel *Exils méditerranéens. Ecrivains allemands dans le sud de la France (1933–1941)* par Ulrike Voswinckel und Frank Berninger.

Die Veranstaltungen der Monacensia 2007 / 2008

Zusammengestellt von Sylvia Schütz

Veranstaltungen 2007

Mittwoch,
28. Februar,
19.00 Uhr,
Monacensia

Buchpräsentation zum 200. Geburtstag
von Franz Graf von Pocci
Franz von Pocci · Schriftsteller, Maler, Komponist
Franz Graf von Pocci (1807–1876) zählt zu den großen bayerischen Schriftstellern des 19. Jahrhunderts. Bekannt ist er bis heute als Autor zahlreicher Puppenkomödien und Schöpfer des »Kasperl Larifari«. Zum 200. Geburtstag von Franz Graf Pocci im März 2007 lagen in der »edition monacensia« im Allitera Verlag München die ersten fünf Bände der auf insgesamt 30 Bände veranschlagten umfassenden Gesamtausgabe seines facettenreichen Werks vor. Diese Erstedition des Gesamtwerks ist ein Gemeinschaftsprojekt des Allitera Verlags München, der Monacensia, der Bayerischen Staatsbibliothek und der Internationalen Jugendbibliothek.
BEGRÜSSUNG: Dr. Elisabeth Tworek, Leiterin der Monacensia
GRUSSWORT: Dr. Michael Köhle,
Franz Graf von Pocci Gesellschaft e. V.
VORSTELLUNG DER EDITION
durch den Verleger Dr. Wolfram Göbel
EINFÜHRUNG in Pocci-Texte durch die Herausgeber
Dr. Ulrich Dittmann und Dr. Michael Stephan
Beate Himmelstoß und Friedbert Rübe lesen Texte
von Franz von Pocci
Die Mitglieder des Marionettentheaters *Kleines Spiel* München spielen *Wer hat das Ei auf den Marktplatz gerollt* von Franz von Pocci.
VERANSTALTER: Monacensia, Allitera Verlag München, Bayerische Staatsbibliothek und Internationale Jugendbibliothek

Dienstag,
13. März,
20.00 Uhr,
Monacensia

radioKultur in der Monacensia – Exil
»Aber was tue ich hier?« Helen Hessels Jahre in Amerika
Pre-Hearing und Werkstattgespräch mit Ulrike Voswinckel und Barbara Schäfer/Nachtstudio
REDAKTION: Gabriele Förg, Hörbild und Feature

Helen Hessels leidenschaftliche Liebesaffaire mit den Schriftstellern Franz Hessel und Henri-Pierre Roché wurde in den 1960er Jahren durch François Truffauts legendären Film *Jules und Jim* weltbekannt. Schauplätze der realen menage à trois waren 1920/21 das oberbayerische Hohenschäftlarn und München.
Die weiteren Lebensstationen von Helen Hessel sind weniger gut dokumentiert. Mit ihrem Mann ging sie während der Zeit des Nationalsozialismus nach Sanary an der Côte d'Azur ins Exil, wo Franz Hessel 1941 starb.
VERANSTALTER: Monacensia und Bayern2Radio

Dienstag, 27. März, 11.00 Uhr, Monacensia	Pressekonferenz: **Open here: consTRUCKtions conNEXTions** VERANSTALTER: Kulturreferat der Landeshauptstadt München
Dienstag, 24. April, 20.00 Uhr, Monacensia	radioKultur in der Monacensia – Exil **Lisa Fittko, Chicago 2000** Pre-Hearing und Werkstattgespräch mit Katrin Seybold und Michael Farin Die Widerstandskämpferin Lisa Fittko führte Walter Benjamin aus dem von den Nationalsozialisten besetzten Frankreich über die Pyrenäen nach Spanien, und ermöglichte später – unter Einsatz ihres Lebens – weit mehr als hundert anderen Verfolgten die Flucht. Die deutschsprachige Jüdin floh 1933 wegen ihrer politischen Untergrundarbeit nach Prag, wo sie ihren späteren Mann Hans Fittko kennen lernte, der im kommunistischen Widerstand aktiv war. Als die Deutschen seine Auslieferung verlangten, flohen beide über die Schweiz und Holland nach Paris. 1939 wurde Lisa Fittko als ›feindliche Ausländerin‹ im berüchtigten Lager Gurs in Südfrankreich interniert. Sie konnte entkommen und organisierte mit ihrem Mann die Rettung vieler in Marseille festsitzender Emigranten. REDAKTION: Herbert Kapfer, Hörspiel und Medienkunst VERANSTALTER: Monacensia und Bayern2Radio
Dienstag, 22. Mai, 20.00 Uhr, Monacensia	radioKultur in der Monacensia – Exil **Grete Weil: Deutschland war ebenso kaputt wie ich selbst** Pre-Hearing und Werkstattgespräch mit Lisbeth Exner und Gabriele Förg

Die Schriftstellerin Grete Weil, 1906 in Rottach-Egern als Tochter eines angesehenen jüdischen Rechtsanwalts geboren, folgte nach der Machtergreifung Hitlers ihrem ersten Mann, dem Kammerspiel-Dramaturgen Edgar Weil, ins Exil nach Amsterdam. Dort wurde Edgar Weil nach der deutschen Besetzung der Niederlande 1941 verhaftet, ins KZ Mauthausen verschleppt und ermordet. Grete Weil überlebte in einem Versteck. Die Emigrantin kehrte 1947 nach Deutschland zurück. Thema all ihres Schreibens war fortan die Erfahrung von Verfolgung und Überleben.

REDAKTION: Gabriele Förg, Redaktion Hörbild und Feature
VERANSTALTER: Monacensia und Bayern2Radio

Donnerstag,
24. Mai,
20.00 Uhr,
Monacensia

Ausstellungseröffnung
Transit Amsterdam.
Deutsche Schriftsteller im Exil 1933 bis 1945

Mit der Machtübertragung an die Nationalsozialisten im Januar 1933 beginnt die größte Flucht von Künstlern und Literaten, die Deutschland und Europa bis dahin erlebt haben. Die Niederlande sind eine bedeutsame Station bei diesem Exodus. Vor allem Amsterdam gewährte vielen deutschen Schriftstellern, Musikern, Schauspielern, Malern und Fotografen Zuflucht.

ERÖFFNUNG: Stadtrat Haimo Liebich, GRUSSWORTE Lionel Veer, Generalkonsul des Königreichs der Niederlande
ZUR AUSSTELLUNG: Prof. Dr. Wilfried F. Schoeller, Kurator der Ausstellung
LESUNG: Der Schauspieler Robert Dölle liest literarische Texte aus dem Exil in Amsterdam, kommentiert von Dr. Veit Johannes Schmidinger, Kurator der Ausstellung
VERANSTALTER: Monacensia. Mit freundlicher Unterstützung des Generalkonsulats des Königreichs der Niederlande, München

Dienstag,
12. Juni,
20.00 Uhr,
Monacensia

radioKultur in der Monacensia – Exil
Ende einer Dichterfreundschaft: Oskar Maria Graf und Ödön von Horváth

Pre-Hearing und Werkstattgespräch mit Elisabeth Tworek und Ulrich Klenner

Die Schriftsteller Ödön von Horváth und Oskar Maria Graf waren Duzfreunde. Beide wohnten in München ganz in der Nähe der Schellingstraße und waren Stammgästeim *Schelling-Salon*, beide saßen im *Schutzverband Deut-*

scher Schriftsteller am Tisch der jungen Autoren. Im Zuge von Hitlers Machtübernahme musste Ödön von Horváth im Februar 1933 aus dem Landhaus seiner Eltern in Murnau fliehen. Oskar Maria Graf, der sich zu diesem Zeitpunkt zufällig auf einer Lesereise befand, konnte nicht mehr nach Deutschland zurückkehren. Als Horváth Ende Mai 1933 eine bereits zugesagte Unterschrift unter eine Protestresolution antifaschistischer Autoren an den PEN-Kongress in Ragusa zurückzog, kündigte ihm Graf in einem offenen Brief die Freundschaft auf.

REDAKTION: Ulrich Klenner, Redaktion Hörbild und Feature
VERANSTALTER: Monacensia und Bayern2Radio

Donnerstag, 14. Juni, 20.00 Uhr, Monacensia

Zeitzeugengespräch
Ein Abend mit Hans Keilson
Hans Keilson, Psychoanalytiker und Schriftsteller, ist einer der letzten noch lebenden Zeitzeugen des literarischen Exils in den Niederlanden. Im Gespräch mit Veit Schmidinger berichtet er von seinen Erinnerungen und rezitiert aus seinen Gedichten.

VERANSTALTER: Monacensia und Offene Akademie der MVHS

Dienstag, 19. Juni, 20.00 Uhr, Gasteig

Film
Klaus Mann »Bitter ist die Verbannung, bitterer noch die Heimkehr«
Ein Film von Bart van Esch
Während dieser ersten Phase der Emigration war Amsterdam Klaus Manns eigentliches Lebenszentrum. Hier gründete er die antifaschistische Zeitschrift *Die Sammlung*, in der er die schreibende Exilszene gegen das Hitlerregime vereinen wollte und schrieb den Roman *Flucht in den Norden*. Bart van Eschs Film verbindet rare Archivaufnahmen, Material der niederländischen Justiz mit Spielszenen aus Klaus Manns Leben.

EINFÜHRUNG: Dr. Veit Johannes Schmidinger
VERANSTALTER: Monacensia und Offene Akademie der MVHS

Donnerstag, 21. Juni, 19.00 Uhr, Gasteig

Film
Amsterdam Global Village
Ein Film von Johan van der Keuken
In seinem dokumentarischen Epos portraitiert Johan van der Keuken seine Heimatstadt Amsterdam und ihre Ein-

wohner. Unterwegs trifft er alteingesessene und zugezogene Amsterdamer, verschiedene Einwohner aus allen Ecken der Welt und unternimmt mit ihnen »eine Reise um die Welt in seiner eigenen Heimatstadt«.
VERANSTALTER: Monacensia und Offene Akademie der MVHS

Dienstag,
26. Juni,
20.00 Uhr,
Monacensia

Buchpräsentation
Frank Wedekind: Am Ende war ich doch ein Poet ...
Anatol Regnier, Enkel von Frank Wedekind, Schriftsteller, Gitarrist und Chansonnier, liest den Dialog in Versen *Hanns und Hanne* und trägt berühmt-berüchtigte, vor allem aber auch bislang unveröffentlichte oder weithin unbekannte Gedichte und Lieder vor.

BEGRÜSSUNG: Dr. Elisabeth Tworek, Leiterin der Monacensia
ZUM BUCH: Dr. Elke Austermühl, Mitherausgeberin der Kritischen Studienausgabe des Werks von Frank Wedekind
VERANSTALTER: Monacensia und Editions- und Forschungsstelle Frank Wedekind, Darmstadt

Freitag,
13. Juli,
19.00 Uhr bis
24.00 Uhr,
Monacensia

Sommerfest
»Fremd ist der Fremde nur in der Fremde«
Das Sommerfest der Monacensia zu Ehren von
Karl Valentin

Die Monacensia lädt zum alljährlichen Sommerfest in den Garten des Hildebrandhauses und widmet den Abend dem Münchner Künstler und Universalgenie Karl Valentin.

BEGRÜSSUNG: Stadtrat Haimo Liebich
MUSIKALISCHE UNTERHALTUNG: Die Gruppe *Fei scho* spielt lebendige Volks- und Tanzmusik mit Angela Lex, Querflöte, Blockflöte, Juri Lex, Geige, Anschi Hacklinger, Kontrabass, Stefan Straubinger, Bandoneon, Drehleiher und Martin Lidl, Percussion, Gitarre
SPEISEN & GETRÄNKE: Die *Bodega Dalí* sorgt mit mediterraner Küche, spanischem Wein und Sangria für das leibliche Wohl.
VERANSTALTER: Monacensia

Dienstag,
18. September,
20.00 Uhr,
Monacensia

Lesung
Jindrich Mann: Prag, poste restante
Heinrich Manns Enkelsohn Jindrich Mann liest aus seinem Buch, in dem er die unbekannte Geschichte seines Lebens, einer Familie, der »anderen Manns«, und seiner Heimatstadt Prag erzählt.

MODERATION: Dr. Uwe Naumann, Rowohlt Verlag, Reinbek
VERANSTALTER: Monacensia und Rowohlt Verlag Reinbek

Donnerstag,
20. September,
20.00 Uhr,
Monacensia

Lesung
»Ein Vreemdeling steht in Amsterdam ...«
Die niederländische Hauptstadt Amsterdam war in den Jahren 1933 bis 1945 ein bedeutender Schauplatz der deutschen Exilliteratur. In ihren Werken verarbeiteten die emigrierten Schriftsteller ihr Ankommen in der Fremde, ihre Versuche, sich in der niederländischen Gesellschaft zurechtzufinden, ihre Begegnungen mit Niederländern und anderen Emigranten. Regine Leonhardt und Robert Dölle lesen literarische Texte von Elisabeth Augustin, Wolfgang Cordan, Hans Keilson, Irmgard Keun, Klaus Mann, Konrad Merz, Joseph Roth und Grete Weil. Moderation und Textauswahl: Dr. Veit Johannes Schmidinger
VERANSTALTER: Monacensia und Kulturzentrum der Israelitischen Kultusgemeinde München

Mittwoch,
26. September,
20.00 Uhr,
Monacensia

Vortrag
Der Exil-P.E.N.
Der P.E.N. wurde 1921 in England als literarischer Freundeskreis gegründet. Schnell hat er sich über die Länder der Erde ausgebreitet und sich als Anwalt des freien Wortes etabliert. 1934 gründeten emigrierte Schriftsteller, deren Bücher in Deutschland von den Nationalsozialisten verbrannt wurden, das *P.E.N.-Zentrum deutscher Autoren im Exil*. Zu den Gründungsmitgliedern zählten u.a. Heinrich Mann, Lion Feuchtwanger und Ernst Toller. Prof. Dr. Wilfried F. Schoeller, Generalsekretär des PEN-Zentrums Deutschland und Kurator der Ausstellung *Transit Amsterdam*, berichtet über die Geschichte des Exil-PEN, im Anschluss erläutert Johano Strasser, Präsident des PEN-Zentrums Deutschland, die Aktualität und Bedeutung des Exil-PEN.
VERANSTALTER: Monacensia

Donnerstag,
27. September,
20.00 Uhr,
Monacensia

Salon m'unique
Woanders – Eine Topographie der Sehnsüchte
Ausstellung, Salon, Musik und Bar von und mit Isabel Kienemann
Schriftsteller, Journalisten, Künstler und Musiker wurden nach ihren Sehnsuchtsorten befragt. In Text, Bild und Ton werden ihre Erkundungen an diesem Abend vor-

gestellt. Dabei entsteht so etwas wie ein Atlas des anderen Lebens, der nicht zuletzt auch die Sehnsüchte des Betrachters anregt oder widerspiegelt. Mit dabei sind u. a. Maxim Biller, Jorinde Dröse, Thomas Dashuber, Armin Kratzert, Thomas Meinecke, Albert Ostermeier, Georg M. Oswald, Willi Winkler und Juli Zeh.

VERANSTALTER: Monacensia
Eine Veranstaltung im Rahmen des EU-Projektes *open here: construcktions-connextions*

Donnerstag, 4. Oktober, 20.00 Uhr, Monacensia

Buchpräsentation
Monika Mann: Das fahrende Haus. Aus dem Leben einer Weltbürgerin
Karin Andert, Herausgeberin des Buches, stellt eine Auswahl von Feuilletons und bisher unveröffentlichten Texten von Monika Mann vor.
LESUNG: Sabine Kastius, Sprecherin und Schauspielerin
VERANSTALTER: Monacensia und Rowohlt Verlag

Samstag, 20. Oktober, 19.00 Uhr bis 24.00 Uhr, Monacensia

Die Lange Nacht der Münchner Museen
Studentinnen des Studiengangs Neuere deutsche Literatur an der LMU München lesen und kommentieren Texte zum Exil in Amsterdam. Vor und nach den Lesungen finden Führungen durch die Ausstellung *Transit Amsterdam* statt.
VERANSTALTER: Monacensia

Mittwoch, 24. Oktober, 20.00 Uhr, Monacensia

Gespräch
Gültig für immer. Der Künstler Karl Valentin
Im Rahmen des Jubiläumsprogramms zu Karl Valentins 125. Geburtstag sprechen F.X. Karl und Georg Ringsgwandl über den heutigen Zugang zu Karl Valentin und über seine Spuren, die er in der regionalen und internationalen Film-, Theater-, und Literaturszene hinterlassen hat.
MODERATION: Elisabeth Tworek, Leiterin der Monacensia.
VERANSTALTER: Monacensia

Dienstag, 6. November, 20.00 Uhr, Monacensia

radioKultur in der Monacensia – Bayerische Querköpfe
»Ich war die erste Frau, die eine Satire schrieb«
Die literarische Femme fatale Gisela Elsner
Pre-Hearing und Werkstattgespräch mit Justina Schreiber und Gabriele Förg, Redaktion Hörbild und Feature

Gisela Elsners »böser Blick fürs Detail«, ihre scharfzüngigen, bissigen Kommentare zur satten bundesrepublikanischen Wirklichkeit der 60er und 70er Jahre trugen ihr Preise und Anerkennung ein. Aber die Schriftstellerin mit der dramatischen schwarzen Mähne konnte nicht halten, was sie versprach. Ihre späteren Werke wirken allzu konstruiert und manieriert. Die 1937 geborene Tochter aus gutem Nürnberger Hause etablierte sich nie; weder privat noch literarisch. Die erklärte Kommunistin, die zeitlebens nicht von ihrer radikal antibürgerlichen Haltung abrückte, beging am 13. Mai 1992 Selbstmord.

VERANSTALTER: Monacensia und Bayern 2

Donnerstag, 8. November, 20.00 Uhr, Monacensia

Lesung

Bernhard Setzwein: Ein seltsames Land

Der Schriftsteller Bernhard Setzwein liest aus seinem neuesten Roman »Ein seltsames Land«, erschienen in der edition lichtung, Viechtach. Mit Dr. Klaus Hübner, Fachdienst Germanistik, spricht er über die Entstehung und Hintergründe des Romans.

VERANSTALTER: Monacensia und lichtung verlag

Dienstag, 20. November, 20.00 Uhr, Monacensia

radioKultur in der Monacensia – Bayerische Querköpfe

Mein Achternbusch

oder: Von den blauen Bergen kommen wir

Pre-Hearing und Werkstattgespräch mit Thomas Kernert und Ulrich Klenner, Redaktion Hörbild und Feature

Die Zahl der bayerischen Kreuz- und Querdenker ist so stattlich wie ihre Variabilität: Es gibt laute und leise, listige und naive, lachende und wütende, grobe und subtile. Zu welchem Typus der Filmemacher, Maler und Schriftsteller Herbert Achternbusch zählt, ist noch die Frage.

VERANSTALTER: Monacensia und Bayern2

Donnerstag, 29. November, 20.00 Uhr, Monacensia

Ausstellungseröffnung

»Das Ich ist ein wildes Tier« – Der Universalkünstler Herbert Achternbusch

Die Monacensia, das Literaturarchiv der Stadt München, hat im Jahr 2005 das literarische Archiv von Herbert Achternbusch angekauft. Jetzt präsentiert sie die vielfältigen Materialien der Öffentlichkeit im Rahmen einer Ausstellung, die von Franz Xaver Karl, Schriftsteller und Kulturredakteur beim Bayerischen Rundfunk, kuratiert wird.

ERÖFFNUNG: Stadtrat Dr. Reinhard Bauer
ZUR AUSSTELLUNG: Franz Xaver Karl,
Kurator der Ausstellung
MUSIK: DJ Hias Schaschko
VERANSTALTER: Monacensia
Mit freundlicher Unterstützung von *Dichtung & Wahrheit*

Dienstag, 5. Dezember, 20.30 Uhr, Hörbuchverlag

Präsentation der Hörbucheditionen

Dr. Faustus und Die Manns. Die Pringsheims

Präsentation des Hörspiels *Doktor Faustus*, produziert vom Hessischen Rundfunk in Partnerschaft mit dem Bayerischen Rundfunk und der Internationale Ensemble Modern Akademie (IEMA) sowie des vielstimmigen Familienporträts *Die Manns. Die Pringsheims* (Bayerischer Rundfunk). Im Gespräch beleuchten Leonhard Koppelmann (Regie), Hermann Kretzschmar (Komposition) und Manfred Hess (Dramaturgie) die besonderen Herausforderungen bei der Inszenierung des *Doktor Faustus*. Die Autorin und Redakteurin Gabriele Förg erzählt von den aufwändigen Recherchen und der Produktion des Features.

VERANSTALTER: Hörbuchverlag, Bayern 2 und Monacensia

Dienstag, 11. Dezember, 20 Uhr, Monacensia

radioKultur in der Monacensia – Bayerische Querköpfe

Chaos macht Spass. Zwei wilde Jahre: Fassbinder und das antiteater

Hörprobe und Werkstattgespräch mit Michael Töteberg und Barbara Schäfer, Redaktion Nachtstudio

München, 1967/68. Eine Zeit der Unruhe und des Aufbruchs. Rainer Werner Fassbinder, 22 Jahre jung, bekommt kommt keine Chance an der Filmhochschule, also nutzt er sie im Underground-Theater. Im August 1967 stößt er zur Truppe des Münchner Action-Theaters und wird bald zur bestimmenden Figur der Avantgarde-Szene.

VERANSTALTER: Monacensia und Bayern 2

Veranstaltungen 2008

Mittwoch,
16. Januar,
20.00 Uhr,
Monacensia

Der Suhrkamp Verlag lädt zum Buchhändlerempfang
**Ein Abend mit Hans Magnus Enzensberger:
Hammerstein oder Der Eigensinn**
Hans Magnus Enzensberger berichtet über sein Buch und dessen Entstehung
LESUNG: Stefan Wilkening, Bayerisches Staatsschauspiel
VERANSTALTER: Suhrkamp Verlag und Monacensia

Donnerstag,
28. Februar,
20.00 Uhr,
Monacensia

Lesung
»Schön wär's, wenn's schöner wär«
Herbert Achternbusch ist heutzutage vor allem als Filmemacher und Maler bekannt. Am Anfang stand allerdings die schriftstellerische Arbeit: 1969 wurden seine ersten beiden Prosaerzählungen *Hülle* und *Das Kamel* im Suhrkamp Verlag in Frankfurt publiziert. Hier erschien 1971 auch sein erster Roman *Die Alexanderschlacht*, der mit seiner radikal subjektiven und freien Schreibweise bahnbrechend war für die Avantgarde der jungen deutschen Literatur in den 70er und 80er Jahren. Im Begleitprogramm zur Ausstellung *Das Ich ist ein wildes Tier* liest der Schauspieler Michael Tregor aus dem literarischen Werk von Herbert Achternbusch. Der Abend wird moderiert von Franz Xaver Karl, Schriftsteller, Kulturredakteur und Kurator der Ausstellung.
VERANSTALTER: Monacensia

Samstag,
1. März,
10.00–17.00 Uhr,
Monacensia

Führungen
Tag der Archive »München entdeckt«
22 Münchner Archive geben unter dem Motto »München entdeckt« Einblick in ihre Bestände. Die Monacensia bietet zum Tag der Archive um 14.00 Uhr und 16.00 Uhr Führungen durch das Hildebrandhaus und durch das Literatur-

archiv an. Um 13.00 Uhr und um 15.00 Uhr finden Führungen durch die Ausstellung *Das Ich ist ein wildes Tier – Der Universalkünstler Herbert Achternbusch* statt.

VERANSTALTER: Monacensia und Archive in München

Dienstag,
4. März,
20.00 Uhr,
Monacensia

Historische Soirée

»Nichts ist unmöglich« – Anita Augspurg 1857–1943

Anita Augspurg, eine der radikalsten Vertreterinnen der deutschen bürgerlichen Frauenbewegung, verbrachte einen Großteil ihres Lebens in München. Hier gründete sie 1887 zusammen mit Sophia Goudstikker ein Fotostudio, das Hofatelier *Elvira*, dessen phantasievolle Jugendstilfassade Aufsehen erregte. Aufgrund ihres Engagements für die Frauenrechte entschied sie sich nach einigen erfolgreichen Jahren als Fotografin für ein Jurastudium, das sie als erste promovierte Juristin des Kaiserreichs abschloss. Die Schauspielerin Jovita Dermota liest aus Texten von und über Anita Augspurg. Friedel Schreyögg, langjährige Leiterin der Gleichstellungsstelle der LH München, hält eine Einführung.

VERANSTALTER: Monacensia und Gleichstellungsstelle für Frauen München

Sonntag,
9. März,
11.00 Uhr,
Monacensia

Lesung

»Vergeistigte Körpermenschen« – Die Manns beim Sport

Thomas Mann war sicherlich nicht das, was man sich unter einem aktiven Sportler vorstellt. In der Schule zeigte er sogar einen ausgesprochenen Widerwillen gegen die dort verordnete Leibesertüchtigung. Und doch taucht sportliche Betätigung in seinen Werken auf: So lernt Hans Castorp im *Zauberberg* Skifahren und bricht im berühmten »Schneekapitel« zu einer Tour auf. Bei Sommeraufenthalten am Meer, im Schutze eines Strandkorbs, beobachtete Thomas Mann gerne das sportliche Treiben um ihn herum, das er später, etwa im *Tod in Venedig* in Literatur verwandelte. Auch sein ältester Sohn Klaus Mann liebte das Meer und den Anblick der »Sportboys«. Ganz anders dagegen Erika Mann, die als leidenschaftliche Rennfahrerin sogar als Siegerin einer 10 000-km-Fahrt hervorging und witzige Glossen rund um den Automobilsport schrieb. Der Schauspieler Stefan Wilkening, Baye-

risches Staatsschauspiel, liest Texte zum Sport aus dem Umfeld von Thomas Mann. Zu Wort kommen u.a. Thomas Mann, Erika Mann, Klaus Mann, Hermann Hesse.
MODERATION UND TEXTAUSWAHL: Dr. Elisabeth Tworek, Leiterin der Monacensia und Mitautorin des Buches *SportsGeist. Dichter in Bewegung.*
Eine Veranstaltung in der Reihe *Ich natürlich, oder?!* – Deutschsprachige Literaturnobelpreisträger. Ein Projekt der Arbeitsgemeinschaft Literarischer Gesellschaften und Gedenkstätten e.V.
VERANSTALTER: Monacensia und Arbeitsgemeinschaft Literarischer Gesellschaften und Gedenkstätten e.V.

Mittwoch, 12. März, 19.00 Uhr, Monacensia

Krimifestival
Heidi Rehn: Mord im Englischen Garten
Im Rahmen des Krimifestivals München liest Heidi Rehn Auszüge aus *Tod im Englischen Garten*, ihrem zweiten historischen Kriminalroman um Kommissar Severin Thiel.
MODERATION: Angela Esser, Krimifestival München
VERANSTALTER: Monacensia und Krimifestival München

Mittwoch, 2. April, 19.00 Uhr, Monacensia

Krimifestival
Historisch-bayerische Krimmacht mit Robert Hültner
Im Rahmen des Nachschlags zum Krimifestival München liest Robert Hültner aus seinem neuen Krimi *Ende der Ermittlungen* und Auszüge aus seinem noch nicht veröffentlichen fünften Inspektor-Kajetan-Roman. Robert Hültners Krimis sind zeithistorisch genau recherchiert und zeichnen sich durch präzise Milieuschilderungen und eine genaue Analyse des sozialen und politischen Klimas der 20er Jahre aus.
MODERATION: Angela Esser, Krimifestival München
VERANSTALTER: Monacensia und Krimifestival München

Donnerstag, 17. April, 18.00 Uhr, Monacensia

Verleihung des Wilhelm Freiherr von Pechmann-Preises Preises 2008
Die Evang.-Luth. Kirche ehrt mit diesem Preis NS-Forschungsarbeiten. Verleihung des Preises durch die Regionalbischöfin Susanne Breit-Keßler an die Preisträger Jutta Neupert, Sigena-Gymnasium, Nürnberg, und Axel Töllner
MUSIKALISCHE GESTALTUNG: E.T.A.-Hoffmann-Trio
VERANSTALTER: Evangelisch-Lutherische Kirche in Bayern

Dienstag, 22. April, 20.00 Uhr, Monacensia

Buchpräsentation
Adolf von Hildebrand und seine Welt
Monacensia und Allitera Verlag feiern den 50. Band der edition monacensia

Adolf von Hildebrand (1841–1921), der bedeutendste deutsche Bildhauer seiner Zeit, ist als der Erneuerer der deutschen Plastik in die Kunstgeschichte eingegangen. Sein Name wurde 1894 mit der Errichtung des Wittelsbacher Brunnens am Lenbach-Platz in München allgemein bekannt und Hildebrand selbst zu einer der herausragenden Gestalten der blühenden Prinzregentenzeit. Sein stattliches Haus am Isarhochufer, das heute die Monacensia, das Literaturarchiv der Stadt München, beherbergt, war zu seinen Lebzeiten ein Treffpunkt der guten Gesellschaft.
BEGRÜSSUNG: Dr. Elisabeth Tworek, Leiterin der Monacensia und Dr. Wolfram Göbel, Verleger des Allitera Verlags
ES SPRICHT: Dr. Hans-Georg Küppers, Kulturreferent der Landeshauptstadt München
LESUNG: Peter Weiß, Schauspieler
MODERATION: Florian Sattler, Herausgeber des Buches »Adolf von Hildebrand und seine Welt«
VERANSTALTER: Monacensia, Allitera Verlag und Kulturreferat der Landeshauptstadt München

Freitag, 25. April, 10.30 Uhr, Monacensia

Pressekonferenz 850 Jahre München – Ausstellungen der städtischen Museen
Kulturreferent Dr. Hans-Georg Küppers stellt die Ausstellungsprojekte der städtischen Museen zur 850-Jahr-Feier der Stadt München vor.
VERANSTALTER: Kulturreferat der Landeshauptstadt München

Montag, 2. Juni, 20.00 Uhr, Monacensia

Ausstellungseröffnung »... und dazwischen ein schöner Rausch«
Dichter und Künstler aus aller Welt in München
Die Stadt München ist seit dem frühen 19. Jahrhundert ein Anziehungspunkt für Künstler, Musiker und Schriftsteller aus aller Welt. Wie sie München und die Münchner erlebten, welche Schauplätze sie aufsuchten, was ihnen in guter oder schlechter Erinnerung blieb, all das hinterließ Spuren in ihren Werken. Die Ausstellung zeigt das Bild

von München aus der Sicht international renommierter Schriftsteller und Künstler des 19. und 20. Jahrhunderts.
ERÖFFNUNG durch den Kulturreferenten Dr. Hans-Georg Küppers. Der Schauspieler Hans Jürgen Stockerl liest München-Zitate von Autoren aus aller Welt.
ZUR AUSSTELLUNG: Dr. Elisabeth Tworek, Kuratorin der Austellung
VERANSTALTER: Monacensia
Mit freundlicher Unterstützung der Versicherungskammer Bayern und der Arbeitsgemeinschaft Literarischer Gesellschaften und Gedenkstätten e. V.

**Dienstag,
3. Juni,
19.00 Uhr,
Monacensia**

Lesung: Franz Kafka in München
Zum 125. Geburtstag von Franz Kafka
Der Schriftsteller Alfons Schweiggert liest aus seinem in der *edition monacensia* im Allitera Verlag München erschienenen Buch *Franz Kafka in München. Zwischen Leuchten und Finsternis*. Zwischen 1903 und 1916 hielt sich der Prager Schriftsteller Franz Kafka dreimal in München auf. 1903 beabsichtigte er, an der Münchner Universität zu studieren, 1911 unternahm er bei strömendem Regen mit seinem Freund Max Brod eine nächtliche Blitztour durch die Stadt und 1916 las er in der Galerie Goltz eine nach eigenen Worten »schmutzige Geschichte« vor.
VERANSTALTER: Monacensia

**Mittwoch,
4. Juni,
17.00 Uhr,
Treffpunkt:
Max-Joseph-
Platz**

Stadtspaziergang: Der fremde Blick
Ein Spaziergang auf den Spuren von Künstlern und Literaten aus aller Welt in München
Mit Elisabeth Tworek
Der Stadtspaziergang der besonderen Art folgt den Spuren von Literaten und Künstlern aus aller Welt. Bekannte Orte wie Salvatorplatz, Bayerischer Hof, Residenz, Café Tambosi und Liebfrauenkirche können durch den »fremden Blick« neu entdeckt werden. Wie verhielt man sich als Ausländer im 18. Jahrhundert bei der Einreise nach München? Was empfand Johann Wolfgang Goethe, als er eines Morgens die Türme des Doms bestieg? Und in welchem Kaffeehaus konnte man im ausgehenden 19. Jahrhundert skandinavische Gäste antreffen?
VERANSTALTER: Monacensia

Mittwoch, 11. Juni, 17.00 Uhr, Treffpunkt: Odeonsplatz	Stadtspaziergang: »… denn dort bin ich doch so innerlich daheim« **Auf den Spuren des norwegischen Dichters Henrik Ibsen in München** Mit Elisabeth Tworek Heute erinnert nur noch eine Gedenktafel in der Maximiliansstraße und eine nach ihm benannte Straße an den großen norwegischen Dramatiker Henrik Ibsen, der zwischen 1875 und 1891 in München lebte. Damals aber war er eine stadtbekannte Erscheinung und galt als »große Münchner Sehenswürdigkeit«. Der Spaziergang folgt seinen Spuren durch die Stadt von seinem ersten Wohnsitz in der Schönfeldstraße über die Maximiliansstraße, wo er gelebt, gearbeitet und im Café Maximilian ganze Nachmittage verbracht hat, an weitere Stationen. VERANSTALTER: Monacensia
Mittwoch, 25. Juni, 17.00 Uhr, Treffpunkt: Odeonsplatz	Stadtspaziergang: »Fernöstliche Einblicke« **Mit der japanischen Autorin Miki Sakamoto durch München** Miki Sakamoto, die seit drei Jahrzehnten in München lebt, lädt zu einem Stadtspaziergang der besonderen Art ein. Sie führt an Orte und Gebäude, die sie faszinierend findet und berichtet von den Erfahrungen, die sie als Neuankömmling aus Fernost in München machte und wie sie die Eigenheiten der Stadt sowie die Sitten und Gebräuche der Münchner zu verstehen lernte. VERANSTALTER: Monacensia
Mittwoch, 9. Juli, 17.00 Uhr, Treffpunkt: Max-Joseph-Platz	Stadtspaziergang: Der fremde Blick **Ein Spaziergang auf den Spuren von Künstlern und Literaten aus aller Welt in München** Mit Elisabeth Tworek VERANSTALTER: Monacensia
Donnerstag, 10. Juli, 19.00 bis 23.00 Uhr, Monacensia	Filme, Musik, Lesung **»Grüß Gott, die Welt!« Eine Revue zur Imagepflege Münchens** Auf einer Großleinwand im Garten des Hildebrandhauses werden Filme gezeigt, mit denen München seit 80 Jahren

in aller Welt wirbt. DJ Kalle Laar stellt den *Sound of Munich* vor, Hans Jürgen Stockerl liest aus dem Buch »*... und dazwischen ein schöner Rausch*«. *Dichter und Künstler aus aller Welt in München,* die Camatti Bar serviert erfrischende Getränke.

VERANSTALTER: Monacensia in Kooperation mit der Münchner Volkshochschule/Offene Akademie und dem Deutschen Taschenbuch Verlag

---

Dienstag,
15. Juli,
20.00 Uhr,
Monacensia

radioKultur in der Monacensia
Die Erschöpfung des Exils
Ingmar Bergmans Münchner Jahre

Hörprobe und Werkstattgespräch mit den Autoren Markus Metz und Georg Seeßlen und der Redakteurin Gabriele Förg, Land und Leute

Markus Metz und Georg Seeßlen skizzieren die »Münchner Jahre« des großen schwedischen Regisseurs anhand seiner Tagebücher und Lebensberichte.

VERANSTALTER: Monacensia und Bayern 2

Mittwoch,
16. Juli,
17.00 Uhr,
Treffpunkt:
Odeonsplatz

Stadtspaziergang: »... denn dort bin ich doch so innerlich daheim«
Auf den Spuren des norwegischen Dichters
Henrik Ibsen in München.

Mit Elisabeth Tworek

VERANSTALTER: Monacensia

Freitag,
18. Juli,
19.00 bis
24.00 Uhr,
Monacensia

Sommerfest
Monacensia berauscht –
Das Sommerfest der Monacensia

Die Monacensia öffnet den Garten des Hildebrandhauses zum alljährlichen traditionellen Sommerfest. Eingeladen ist die junge Band *Rosalie & Jakob*, die mit deutschen Texten, ausgefeilten Arrangements und einem ganz eigenen Sound derzeit Münchens Musikszene erobert.

BEGRÜSSUNG: Kulturreferent Dr. Hans-Georg Küppers
VERANSTALTER: Monacensia mit freundlicher Unterstützung der Versicherungskammer Bayern und der Arbeitsgemeinschaft Literarischer Gesellschaften und Gedenkstätten e. V.

Mittwoch, **Lesung**
17. September, **Von Löwenmenschen und Wiesnbräuten**
19.00 Uhr, Die Wiesn literarisch
Münchner
Stadtmuseum Bei vielen Dichtern und Künstlern, die in München zu Gast waren, hat das Oktoberfest einen bleibenden Eindruck hinterlassen. Der Komponist Felix Mendelssohn Bartholdy musste wegen der Wiesn sein Konzert in München verschieben, der amerikanische Schriftsteller Thomas Wolfe fing schwer betrunken in einem Bierzelt sogar eine Schlägerei an und schilderte seine Erlebnisse Jahre später in seinem 1938 erschienenen Roman *Geweb und Fels*. Ödön von Horváth war ein leidenschaftlicher Wiesnbesucher und fand dort um 1930 den Stoff für sein Volksstück *Kasimir und Karoline*.
Der Schauspieler Robert Joseph Bartl, Bayerisches Staatsschauspiel, liest literarische Texte zum Oktoberfest
EINFÜHRUNG UND MODERATION: Dr. Elisabeth Tworek
Anschließend Führung durch die Ausstellung *Typisch München!* mit Dr. Thomas Weidner
VERANSTALTER: Münchner Stadtmuseum und Monacensia

Mittwoch, **Lesung**
24. September, **»Hier lebt man vergnügt, umlagert von intrigierenden**
20.00 Uhr, **Pfaffen«**
Monacensia
Heinrich Heine in München

Heinrich Heine kam im November 1827 nach München. In der aufblühenden Kunst- und Kulturstadt hoffte er, an der von Ludwig I. neu gegründeten Münchner Universität, Professor für deutsche Literatur zu werden. Hier wohnte er im Palais Rechberg in der Hackenstraße, heutzutage besser bekannt als Radspielerhaus, wo er vergeblich auf eine Berufung wartete. Über seine Münchner Erfahrungen berichtete Heine in Briefen an Freunde und Bekannte.
Der Schauspieler Stefan Hunstein liest Texte von Heinrich Heine.
MODERATION UND TEXTAUSWAHL: Klaus Briegleb, Literaturwissenschaftler in Berlin
VERANSTALTER: Monacensia mit freundlicher Unterstützung der Versicherungskammer Bayern und der Arbeitsgemeinschaft Literarischer Gesellschaften und Gedenkstätten e. V.

Montag, 13. Oktober, 19.00 Uhr, Monacensia	Buchpräsentation **»Wer ist wer im Leben von Thomas Mann?«** Ein Personenlexikon von Heinz J. Armbrust und Gert Heine, Verlag Vittorio Klostermann 2008 Mehr als 400 Artikel über Zeitgenossen Thomas Manns beleuchten die Rolle, die diese Personen im Leben des Schriftstellers gespielt haben – als flüchtige Episode oder vorübergehende Bekanntschaft, in lebenslanger Freundschaft oder als Familienmitglied – unter Beachtung der Spuren, die einige von ihnen im Werk Thomas Manns hinterlassen haben, selten zu ihrem Wohlgefallen. Über das Buch und seine Entstehung unterhalten sich der Autor Heinz J. Armbrust und Dirk Heißerer. VERANSTALTER: Thomas-Mann-Förderkreis München in Zusammenarbeit mit der Monacensia
Samstag, 25. Oktober, 19.00 bis 24.00 Uhr, Monacensia	Lesung und Führung **Die Lange Nacht der Münchner Museen** Die aus Japan stammende Autorin Miki Sakamoto liest aus ihrem Buch *Münchner Freiheit* und gewährt Einblick auf die fernöstliche Sichtweise auf die Weltstadt mit Herz. Vor und nach der Lesung finden Führungen durch die Ausstellung *»... und dazwischen ein schöner Rausch«* statt. VERANSTALTER: Monacensia
Mittwoch, 29. Oktober, 19.00 Uhr, Münchner Stadtmuseum	Buchpräsentation **» ... und dazwischen ein schöner Rausch«** Der Sprecher und Schauspieler Hans Jürgen Stockerl liest in der Ausstellung *Typisch München!* aus dem Buch *»... und dazwischen ein schöner Rausch«. Dichter und Künstler aus aller Welt in München* von Elisabeth Tworek. EINFÜHRUNG UND MODERATION: Dr. Elisabeth Tworek, Leiterin der Monacensia. Dr. Thomas Weidner, Kurator der Ausstellung, erläutert die entsprechenden Ausstellungsstationen. VERANSTALTER: Münchner Stadtmuseum, Deutscher Taschenbuch Verlag und Monacensia

Montag,
3. November,
20.00 Uhr,
Gasteig/
Kleiner
Konzertsaal

Mach ma hoit a Revolution
Texte, Musik und Filmdokumente zur Revolution 1918/19 in München
Robert Hültner und Christoph Süß lesen Texte von Josef Hofmiller, Oskar Maria Graf, Annette Kolb, Klaus Mann, Ernst von Wolzogen, Lion Feuchtwanger, Ernst Toller, Erich Mühsam u. a.
MUSIK: Franz Dobler
VERANSTALTER: Offene Akademie der Münchner Volkshochschule in Zusammenarbeit mit der Monacensia und dem Kulturreferat der Landeshauptstadt München

Dienstag,
11. November,
19.00 Uhr,
Monacensia

Gespräch und Filmausschnitte
Hans Werner Richter und die Gruppe 47
Ein Abend zum 100. Geburtstag des Schriftstellers
Der Schriftsteller Hans Werner Richter hätte am 12. November 2008 seinen 100. Geburtstag gefeiert. Das nimmt die Monacensia, das Literaturarchiv der Stadt München, gemeinsam mit dem Kulturreferat der Landeshauptstadt München zum Anlass, um am Vorabend des Jubiläums an diesen umtriebigen Schriftsteller, Mentor der deutschen Nachkriegsliteratur und bedeutenden Vertreter der *Gruppe 47* zu erinnern.
BEGRÜSSUNG: Dr. Hans-Georg Küppers, Kulturreferent der Landeshauptstadt München
Der Autor und Verleger Michael Krüger im Gespräch mit dem Gruppe 47-Preisträger Jürgen Becker
MODERATION: Andreas Ammer
Andreas Ammer präsentiert Ausschnitte aus seinem Film *Vom Glanz und Vergehen der Gruppe 47*.
VERANSTALTER: Monacensia in Kooperation mit dem Kulturreferat der Landeshauptstadt München

Dienstag,
25. November,
19.00 Uhr,
Monacensia

Ausstellungseröffnung
Volkskünsterinnen: Liesl Karlstadt, Erni Singerl, Bally Prell
Die Ausstellung zeigt das Leben und Wirken der populärsten Münchner Volkskünstlerinnen: drei höchst unterschiedliche Karrieren von drei völlig verschiedenen Frauen, die das Wesen der typisch münchnerischen Unterhaltung prägten.

ERÖFFNUNG: Dr. Hans-Georg Küppers, Kulturreferent
GRUSSWORTE: Josef Schmid, Stadtrat
ZUR AUSSTELLUNG: Andreas Koll, Kurator der Ausstellung.
MUSIK: Erwin Rehling, Schlagwerk; Michaela Dietl, Akkordeon
Fritz Moßhammer, Alphorn
VERANSTALTER: Monacensia

Montag, 8. Dezember, 19.00 Uhr, Monacensia

Buchpräsentation
München leuchtet für die Wissenschaft

Monacensia und Allitera Verlag präsentieren den zweiten Band zur erfolgreichen Vortrags- und BR-Sendereihe *München leuchtet für die Wissenschaft*, herausgegeben von Ulrike Leutheusser und Heinrich Nöth.

BEGRÜSSUNG: Dr. Elisabeth Tworek, Leiterin der Monacensia und Dr. Wolfram Göbel, Verleger des Allitera Verlags
ES SPRICHT: Dr. Hiltrud Häntzschel über die Historikerin und Schriftstellerin Ricarda Huch, Prof. Dr. Friedrich Ludwig Bauer über den Mathematiker Alfred Pringsheim, Prof. Dr. Karl Decker über den Biochemiker Feodor Lynen und Prof. Dr. Markus Riederer über den Botaniker Carl Friedrich Philipp von Martius. Durch den Abend führt Ulrike Leutheusser, die ehemalige Leiterin des Programmbereichs Wissenschaft-Bildung-Geschichte des Bayerischen Fernsehens.
VERANSTALTER: Monacensia und Allitera Verlag München

Dienstag, 16. Dezember, 11.00 Uhr, Kulturhaus Milbertshofen

»Die Welt erklären heißt die Welt verändern«
Lion Feuchtwanger zum 50. Todestag

Der Schriftsteller Lion Feuchtwanger (1884–1958) hat am 21. Dezember 2008 seinen 50. Todestag. Das städtische Lion Feuchtwanger-Gymnasium in München-Milbertshofen und die Monacensia, das Literaturarchiv der Stadt München, nehmen dies zum Anlass, um gemeinsam an den gebürtigen Münchner und jüdischen Intellektuellen zu erinnern, der ein verbannter und verbrannter, ein gefeierter und lange Jahre nahezu vergessener Autor war. Der Schauspieler Jörg Hube liest Texte von Lion Feuchtwanger. Dazu gibt es Ausschnitte aus historischen Filmen, Musik und Gespräche mit Lehrern, Schülerinnen und Schülern des Städtischen Lion Feuchtwanger Gymnasiums München.
VERANSTALTER: Städtisches Lion Feuchtwanger Gymnasium München und Monacensia-

Lisbeth Exner
»Deutschland war ebenso kaputt wie ich selbst«
Die Schriftstellerin Grete Weil – Ein Porträt

Eine Kurzbiographie als Auftakt: Jüdin, 1906 am Tegernsee geboren, in München aufgewachsen als Rechtsanwaltstochter. Verwöhnt, behütet in einem Elternhaus mit großbürgerlichem Zuschnitt, in dem Juristen und Ärzte, Künstler, Sozialisten und Adelige verkehrten [...]. Religion spielte keine Rolle [...]. Verspätetes externes Abitur, Studium der Germanistik in Berlin, Frankfurt und München. 1932 Heirat mit Edgar Weil, einem Großvetter, der zwei Jahre jünger als ich und Anfängerdramaturg an den Münchener Kammerspielen war. Im März 1933 wurde er [...] mit der ganzen Direktion verhaftet [...], die anderen kamen frei, er nicht, weil er Jude war. [...] Nach vierzehn Tagen wurde Edgar auf heftige Intervention der verschiedensten Leute entlassen, Bedingung dafür war, daß er einen Wisch unterschrieb, er habe sich bedroht gefühlt und deshalb

Grete Weil

Die Vorlage dieses Textes ist ein Rundfunkmanuskript. Das Feature *Deutschland war ebenso kaputt wie ich selbst. Die Schriftstellerin Grete Weil* wurde erstmals am 20. Juli 2006 auf Bayern2 gesendet und am 22. Mai 2007 in der Reihe *radioKultur in der Monacensia* in der Monacensia vorgestellt.

Um die in der Rundfunksendung verwendete Montagetechnik in Schriftform besser nachvollziehbar zu machen, haben wir uns für eine redundante Verweistechnik (kurze Hinweise direkt im Text und ausführliche Angaben als Fußnote) entschieden. Kursiv gesetzt erscheinen Passagen aus Interviews von Lisbeth Exner mit Grete Weil sowie Briefe aus dem Nachlass von Grete Weil.

Die unveröffentlichten Materialien von Grete und Edgar Weil aus dem Nachlass Grete Weils werden hier publiziert mit freundlicher Genehmigung von Michaela Schenkirz. Für die anderen Materialien aus dem Nachlass von Grete Weil konnten die Rechtsnachfolger nicht ausfindig gemacht werden.

freiwillig in Schutzhaft begeben [...]. Da wußten wir, daß wir emigrieren mußten, Holland war Zufall, zu nah an Deutschland, was wir hätten erkennen können, doch nicht erkennen wollten, wir fühlten uns geborgen, Edgar in seiner kleinen pharmazeutischen Firma, ich in meinem Photoatelier. [...] Dann kamen die Deutschen [...]. Im Juni 1941, ein Jahr, bevor die Deportation aller Juden anfing, im Verlauf einer sogenannten Vergeltungsrazzia auf junge jüdische Männer [...], wurde Edgar auf der Straße festgenommen, ins KZ Mauthausen gebracht und dort ermordet. [...] Mir gelang es, unterzutauchen, 1947 ging ich nach Deutschland zurück.

Grete Weil: *Vielleicht, irgendwie ...*[1]

Ich ging mit meinen Freunden Hollis[?], das ist ein junges Ehepaar gewesen, nach dem Krieg, ziemlich bald nach dem Krieg, von Egern aus: wir wollten über die Valepp und das Kaiserhaus nach Jenbach gehen und hatten vor, von Jenbach mit dem Bus nach München zu fahren, und von München aus mit der Bahn wieder nach Tegernsee, wir hatten ja alle kein Auto.

Ziemlich kurz hinter der Valepp an einer Biegung saß ein Grenzer und sagte: »Diese Grenze ist keine Grenze.« Er sagte: »Ich kann Sie rüberlassen, aber Sie müssen Ihre Pässe hergeben, und Sie müssen vor allem, Sie müssen auf demselben Weg zurückkommen. Und über Jenbach mit dem Bus, wenn Sie fahren und dabei erwischt werden, dann kostet's 100 Mark pro Person.« Wir hatten damals gar kein Geld, gell.

Also wir gaben die Pässe ab: Die beiden Hollis[?] hatten deutsche Pässe, ich hatte einen holländischen Pass. Davor ist er erschrocken, denn so etwas Exotisches hatte er noch nie gesehen. Dann, nachdem ich lange mit ihm auf Bairisch geredet hatte, dann hat er ihn durchgeblättert, und dann stand da in dem holländischen Pass: »Geburtsort: Rottach-Egern«. Da ging ein völlig verklärtes Lächeln über sein Gesicht, er sagte: »Mir ham aa a Rottach-Egern.« Ich hab' dann g'schrieben: »In dem Augenblick hatte ich das Gefühl, dass ich wieder zuhause bin.«

Interview mit Grete Weil[2]

Grete Weil, seit ihrer Ausbürgerung 1941 staatenlos, erhielt aufgrund ihrer Tätigkeit für den holländischen Widerstand nach Kriegsende einen niederländischen Pass. Mit diesem konnte sie in das besetzte Deutschland zurückkehren, wo sie erst nach einiger Zeit wieder einen deutschen Pass bekam.

1985 hatte die Schriftstellerin Grete Weil in einer Anthologie die Frage »Lieben Sie Deutschland?« mit einem »Vielleicht, irgendwie ...« beantwortet. Zugleich hatte sie aber festgestellt, dass sie Bayern, die bayerische Landschaft genauer gesagt, immer geliebt habe. 1997 bestätigte sie das im Gespräch.

---

[1] Grete Weil-Jockisch: *Vielleicht, irgendwie ...* In: *Lieben Sie Deutschland?*, hrsg. v. M. Jansen-Jurreit. München 1985, S. 54–55.
[2] Interview von Lisbeth Exner mit Grete Weil, 7. April 1997.

Ganz am Anfang, als ich, die Zwölfjährige schreiben wollte, dachte ich nicht an Veröffentlichung und Leser. Ich tat es für mich.
Ohne das Wissen um die Einsamkeit, in die sich ein Schreibender begibt.
Schon damals fing ich an, mir selbst Geschichten zu erzählen. Und ich tue es jetzt [...] noch immer. [...] Manchmal weiche ich, was ich weder im Leben noch im Schreiben je täte, in Sentimentalität aus. Es ist eine stille Erregung, ganz wunschlos, sie irgendjemandem mitzuteilen.

Grete Weil: *Leb ich denn*[3]

Grete Weil kam als Margarete Elisabeth Dispeker am 18. Juli 1906 im oberbayerischen Egern, dem Ferien- und Wochenendwohnsitz der Familie, zur Welt. Sie wuchs im bürgerlich-liberalen Milieu Münchens auf. Den souveränen, vielseitig interessierten Vater Siegfried Dispeker, der ein engagierter Rechtsanwalt war, liebte sie innig. Die Beziehung zur zierlich-schönen, mondän-oberflächlichen Mutter Isabella Dispeker war distanzierter: Grete wollte sich nicht der konventionellen Frauenrolle anpassen. Der zwölf Jahre ältere Bruder Fritz wurde nach seiner Rückkehr aus dem Ersten Weltkrieg zum leidenschaftlich verehrten Helden ihrer frühen Mädchenjahre.

Warum wollte ich schon als Kind schreiben? Der Wunsch war da, sehr früh, sehr stark, alles andere ausschließend. [...S]chon sehr früh beim Schreiben die Sicherheit (manchmal nur eingebildet): Das kann ich. Lange, bevor ich begriff, dass Schreiben mit Sprache zu tun hat. Habe ich vor der Emigration und dem erzwungenen Holländisch-Reden gewusst, wie sehr ich die deutsche Sprache liebe?

Grete Weil: *Leb ich denn*[4]

Grete Dispeker besuchte zunächst, den Ansprüchen der Zeit entsprechend, eine »Schule für Höhere Töchter«. Das Abitur holte sie 1929 nach, um in Berlin, Frankfurt und Paris Germanistik zu studieren. Zu ihren wichtigsten Bekannten zählten die Frankfurter Cousins Edgar und Hans Weil, deren Freund Walter Jockisch, aber auch der junge Klaus Mann, den sie durch Doris von Schönthan, eine Freundin aus den Kindertagen am Tegernsee, kennen lernte.

Am 26. Juli 1932 heiratete Grete Dispeker in Rottach ihren zwei Jahre jüngeren Großvetter Edgar Weil. Da er sein Germanistikstudium abgeschlossen hatte und als Dramaturg an den Münchener Kammerspielen erste Berufserfahrungen machte, setzte Grete Weil die Arbeit an ihrer germanistischen Dissertation in München fort. Im Januar 1933 stellte sie

---

[3] Grete Weil: *Leb ich denn, wenn andere leben.* (Erstausgabe Zürich 1998). Zit. nach Fischer Taschenbuch, Frankfurt am Main 2001, S. 78–79.
[4] ebd., S. 78

mit der Erzählung *Erlebnis einer Reise* den ersten literarischen Text fertig, der dem eigenen strengen Urteil standhielt. Wie die gesamte spätere Prosa Grete Weils ist auch die in den Dolomiten spielende Geschichte einer Dreiecksbeziehung autobiografisch geprägt. Nach der willkürlichen Verhaftung Edgar Weils im März 1933 dachte die junge Autorin nicht mehr an Veröffentlichung. Das Germanistikstudium brach Grete Weil ab. *Erlebnis einer Reise* wurde erst 1999 publiziert.

> Es ist mir nie im Traum eingefallen, Fotografin zu werden, doch scheint es einer der wenigen Berufe zu sein, mit dem man ohne große Kenntnisse, mit ein bisschen Geschick und offenen Augen sich ernähren kann.
>
> Grete Weil: *Leb ich denn*[5]

Von den ersten Boykottmaßnahmen am 1. April 1933 an wurden die Rechte der jüdischen Bevölkerung im Dritten Reich Schritt für Schritt eingeschränkt. Grete und Edgar Weil entschieden sich zu einem Zeitpunkt für die Emigration, als sich die meisten deutschen Juden noch nicht gefährdet fühlten. Sie wussten: Als unbekannte Schriftstellerin und Anfängerdramaturg würden sie im Exil keine Chance haben. Edgar Weil konzentrierte sich daher auf die Scheinarisierung der pharmazeutischen Fabrik seines Vaters und suchte nach Möglichkeiten, Teile des Frankfurter Betriebs ins Ausland zu verlegen. Grete Weil unterstützte ihn zunächst, litt aber so unter dem Zusammenleben mit den Schwiegereltern Paula und Richard Weil, dass sie Ende 1933 allein von Frankfurt zurück nach München ging. Um sich selbst versorgen zu können, absolvierte sie dort eine Ausbildung bei dem Porträtfotografen Wasow.

Edgar Weil emigrierte Anfang 1935 mit einem Teil der väterlichen Firma nach Amsterdam: Den Standort des pharmazeutischen Betriebs hatte der Geldgeber bestimmt. Grete Weil folgte ihrem Mann Ende 1935. In der flachen Landschaft der Niederlande sollte sich die begeisterte Bergsteigerin nie heimisch fühlen. Nach Bayern kehrte sie nur im Sommer 1937 zurück, als ihr Vater Siegfried Dispeker im Sterben lag. Die Mutter, die von allen Bella oder Tante Bella gerufen wurde, holte Grete Weil ein Jahr später nach Amsterdam. Auch Edgar Weils Eltern übersiedelten nach dem erzwungenen Verkauf der Frankfurter Fabrik in die Niederlande.

Im Frühjahr 1938 kaufte Grete Weil das Atelier Edith Schlesinger in der Amsterdamer Beethovenstraat 48. In der zum Fotoatelier gehörenden Wohnung sollte sie die folgenden fünfeinhalb Jahre leben.

---

[5] ebd., S. 133

Abgesehen von regelmäßigen Treffen mit dem befreundeten Maler Max Beckmann hatten Edgar und Grete Weil keinen Kontakt zu anderen emigrierten Intellektuellen oder Künstlern. Eine wichtige Ablenkung vom Arbeitsalltag waren Reisen.

Im Spätsommer 1938 fuhren sie nach Südfrankreich. In Sanary-sur-Mer, wo sich zahlreiche Emigranten niedergelassen hatten, lernte Grete Weil die damalige Sekretärin Lion Feuchtwangers kennen. Diese vermittelte ihr den Kontakt zu dem österreichischen Schriftsteller Franz Werfel, der mit seiner Frau Alma Mahler-Werfel nach Frankreich geflohen war.

Er wohnte in einem weißen Haus, in einem Turmhaus hoch oben. Ich war vorher schon einmal mit meinem Mann in Sanary gewesen, wir fanden dieses Haus so schön. Es war natürlich für mich sehr bewegend, dass Werfel da wohnte. Aber ich sah sofort, ich will ihn nicht nur oder gar nicht vor einem weißen Hintergrund fotografieren. Und ich fragte ihn: »Kann man da nicht irgendetwas Dunkles hinhängen?« Ich wollte ihn ja im Freien fotografieren, ich hatte keine Lampen dabei. Und dann rief er: »Almtschi! Die Frau Weil möchte gern Deinen schwarzen Mantel haben.« Daraufhin sagte sie keifend: »Alles habe ich hergegeben, alles habe ich verloren. Jetzt will ich nicht mehr.«

Interview mit Grete Weil[6]

Im April 1997 stellte Grete Weil im selben Gespräch verbittert fest, dass häufig sowohl ihre Werfel-Porträtfotos als auch jene, die sie von Lion Feuchtwanger gemacht hatte, ohne Nennung ihres Namens veröffentlicht würden.

Obwohl entwurzelt, waren Edgar und Grete Weil mit ihrem Leben in Amsterdam zufrieden. Sie dachten kaum darüber nach, Holland zu verlassen, hätten sie doch an einem anderen Ort für sich selbst eine neue Existenz aufbauen und für Isabella Dispeker und Edgars Eltern sorgen müssen. So kehrten sie auch knapp vor Kriegsbeginn 1939 von einem Schweizurlaub nach Amsterdam zurück. Ein Fluchtversuch nach der Kapitulation Hollands im Mai 1940 scheiterte.

Reagierte die niederländische Bevölkerung zunächst geschockt auf den deutschen Überfall, arrangierte sie sich doch bald mit der Zivilregierung. Diese leitete sofort Maßnahmen gegen die jüdische Bevölkerung ein: Die Nürnberger Rassengesetze traten in Kraft, bis August 1941 wurden jüdische Unternehmen liquidiert oder arisiert.

---

[6] Interview, 7. April 1997.

Auch Grete Weil durfte ihr Atelier nicht mehr weiter betreiben: Als Fotografin unterstützte sie aber den holländischen Widerstand, half bei der Fälschung von Pässen und Lebensmittelkarten. Nach 1945 fotografierte sie nicht mehr, ihr Können sollte sie erst Mitte der siebziger Jahre wieder aktivieren.

Mir ist noch gleich nach dem Krieg meine Leica mit einer ganzen Menge Objektiven gestohlen worden, und ich habe keine Lust mehr gehabt.

Wie ich dann ganz spät nach Ladakh und Nepal gefahren bin, habe ich gedacht, vielleicht fotografiere ich doch. Da hatte ich keinen Apparat mehr, lieh ihn mir von der Frau meines Bruders und fuhr nach Ladakh und machte die Bilder. Ich weiß noch, ich kam nach Hause zur Gruppe eines Tags und sagte – für sie alle völlig unverständlich: »Wenn ich heute keine guten Bilder gemacht habe, dann dürft ihr alle sagen, ich habe nie fotografieren können.« Aber die wussten gar nicht, dass ich Fotografin war. Dann habe ich sie entwickelt und gesehen, die waren wirklich gut.

Interview mit Grete Weil[7]

In Leh, der dörflichen Hauptstadt, wo oben auf der zerfallenen Burg die bunten Lappen, die Gebetsfahnen wehen, wohnten wir in einem unsäglich dreckigen Haus. [...]

Weit von der Stadt, auf einer großen Wiese, einer von zwei Indusarmen umflossenen Insel, ganz nah dem Zeltdorf der Tibetflüchtlinge, predigte viele Tage hintereinander der Dalai Lama. [...]

Rund um die Stadt kampierten unter freiem Himmel, im Regen, der hier fast nie, aber in diesen Tagen heftig fiel, die Menschen, die aus den fernsten und höchsten Bergdörfern mit Kind und Kegel herunter in das dreitausendfünfhundert Meter hohe Tal gezogen waren.

Von der Wiese habe ich ein Foto mit heimgebracht, auf dem ein großer schöner Mann, von zwei kleinen Töchtern begleitet, mit einer Inbrunst betet, die bei uns nur noch auf den Bildern des Mittelalters existiert. Auf einem anderen gehen zwei Uralte, Mann und Frau, Hand in Hand verklärt dahin.

Grete Weil: *Generationen*[8]

Dr. Ludwig Haverkamp [...]. Verwalter jüdischer Geschäfte in Holland, mit einem schicken Büro in Den Haag. Verwalter von Waikis kleiner pharmazeutischen Fabrik, als er kam, mußte Waiki gehen. »Dieser Haverkamp«, sagte er wütend, doch gleich darauf mit dem Versuch eines Lächelns, »eigentlich ein ganz netter Mensch – in einer anderen Situation.«

Ein paar Wochen danach wird Waiki verhaftet. Festgenommen bei einer [...] sogenannten Vergeltungsaktion. [...] Bei dieser Razzia – der zweiten in Amsterdam – sollen dreihundert jüdische Männer unter dreißig Jahren nach vorbereiteten Listen festgenommen werden, aber da alles befehlsgemäß in zwei Stunden

---

7 ebd.
8 Grete Weil: *Generationen*. Roman. (Erstausgabe Zürich 1983). Zit. nach Fischer Taschenbuch, Frankfurt am Main 1989, S. 105–106.

erledigt sein muß, nehmen sie auch ein paar ältere mit, deren Namen nicht notiert sind. Waiki ist zweiunddreißig.
Zehn Tage bleibt er in Holland, zehn Tage lang Hoffnung, ihn herauszuholen.
Grete Weil: *Meine Schwester Antigone*[9]

Als Schriftstellerin von einer breiten Leserschaft wahrgenommen wurde Grete Weil erst 1980 mit ihrem Roman *Meine Schwester Antigone*. Sie hatte es zwar seit Kriegsende als ihre Aufgabe gesehen, Zeugnis abzulegen, hatte aber viele Jahre benötigt, um ihre ganz persönliche Sprache für das Erlittene zu finden. Zugleich waren Jahrzehnte vergangen, bis sich das deutschsprachige Publikum mit der NS-Zeit überhaupt oder mit der autobiografisch-literarischen Aufarbeitung individueller Erlebnisse im Besonderen auseinandersetzen wollte.

In den zahlreichen Erinnerungspassagen des Romans *Meine Schwester Antigone* berichtet die Ich-Erzählerin von der Verhaftung, Deportation und Ermordung ihres Mannes Waiki. Dass Grete Weil mit dem Schicksal Waikis das Schicksal Edgar Weils schildert, belegen erhalten gebliebene Dokumente wie das Entlassungsgesuch, das die Inhaber der arisierten pharmazeutischen Firma Weil im Juni 1941 an die SS richteten.

An den Herrn Höheren S.S. und Polizeiführer, 's-Gravenhage.
Betrifft: Gesuch um Entlassung des Dr. E. I. Weil, geboren am 7. Juli 1908, aus dem Internierungslager Schoorl.

Dr. E. I. Weil wurde am 11. Juni 1941 im Zuge der an diesem Tage in Amsterdam-Süd unternommenen Aktion auf der Strasse verhaftet und [...] in das Internierungslager Schoorl eingeliefert.

Die Unterzeichneten beehren sich, nachstehend die sachlichen Gründe mitzuteilen, die nach ihrem Dafürhalten eine baldige Entlassung des Genannten wünschenswert machen.

Dr. E. I. Weil hat bis Anfang dieses Jahres die N. V. Medische Preparaten Dr. Weil sowie die Einzelfirma Pharmaca Dr. Weil geleitet, und zwar die letztgenannte Unternehmung im Auftrage seines schon damals schwer erkrankten Vaters, Dr. R. I. Weil.

Beide Unternehmungen wurden Anfang 1941 arisiert. Die sämtlichen Aktien übernahm die Amsterdamer Bankiersfirma Rijken &

---

[9] Grete Weil: *Meine Schwester Antigone.* Roman. Zürich, Köln 1980 (= Erstausgabe), S. 47–48.

Co., während die Unterzeichneten als Vorstandsmitglieder bestellt wurden.

Ende März 1941 wurde Herr Rechtsanwalt Ludwig Kattenstroth zum Treuhänder für die Weil'schen Unternehmungen bestellt. Unter seiner Leitung wird der Geschäftsbetrieb zur Zeit teilweise auf die Byk-Guldenwerke A. G., Berlin, zum anderen Teil auf eine arische Nachfolgegesellschaft übergeleitet.

Die zur Zeit schwebenden Verhandlungen mit den Byk-Guldenwerken bezwecken zugleich, die langjährigen, sehr verwickelten Geschäftsbeziehungen mit den beiden Weil'schen Unternehmungen endgültig zu bereinigen. Die hierfür erforderlichen Auskünfte können nur durch Dr. E. I. Weil gegeben werden, da sein Vater, Dr. R. I. Weil, durch seine Krankheit völlig verhandlungsunfähig ist. Ausweislich der anliegenden Atteste leidet der Letztgenannte an krebsigen Veränderungen [...] des Knochenskeletts; mit seinem Ableben ist stündlich zu rechnen.

Die Tatsache, dass die Abwicklung der Weil'schen Unternehmungen durch die Abwesenheit von Dr. E. I. Weil erheblich erschwert wird, ergibt sich aus den beiliegenden Äusserungen des Treuhänders Rechtsanwalt Ludwig Kattenstroth und des Erwerbers der Weil'schen Unternehmungen, Mr. L. Rijken.

[...] Amsterdam, den 23. Juni 1941
[...] Jonker   [...] ter Linden
                         Gesuch der Firma Rijken[10]

Der einzige, an den ich mich wenden kann, ist Haverkamp. Ich versuche ihn zu überreden, bei der Gestapo auf den Tisch zu schlagen – Tischschlagen, das einleuchtendste, das allein wirksame Argument –, weil er Waiki zur Übernahme der Firma brauche. Eigentlich ein ganz netter Mensch, auch zu mir, wohlwollend, glatt, gewandt. [...] »Liebe gnädige Frau, ich verstehe Ihre Verzweiflung« – nichts versteht er, gar nichts –, »aber Sie müssen sich abfinden mit dem Gedanken, daß Ihr Mann wie ein feindlicher Ausländer behandelt wird und während der Dauer des Krieges interniert bleibt.« [...] »Er ist nicht interniert, ist kein feindlicher Ausländer, sondern ein deutscher Jude, man wird ihn in ein Konzentrationslager deportieren und umbringen.« – »Aber, Verehrte, das können Sie doch nicht im Ernst glauben. [...] Ich sagte ja schon: Internierung bis Kriegsende. Bestimmt nicht angenehm, aber immer noch besser als an der Front den Kopf hinhalten zu müssen. Und glauben Sie bitte nicht das Märchen, daß man einen Menschen umbringt, nur weil er Jude ist.« Nicht weinen, sonst hält er mich für hysterisch und tut nichts. Ich rede

---

[10] Kopie des ms. Gesuchs der Fa. Rijken, Monacensia, Nachlass von Grete Weil (Anrede umgestellt, L. E.).

weiter, versuche, meine Stimme unter Kontrolle zu halten, höre, wie sie schwankt, heiser wird, krächzend. Seine Brauen heben sich, doch bleibt er geduldig, wirft mich nicht hinaus, hört mir zu, zwei Stunden lang, nichts verpflichtet ihn dazu [...]. Wie unter Zwang sage ich den Satz, den ich in solcher Schärfe vielleicht vorher noch kein einziges Mal gedacht habe: »Man wird nicht nur ihn, man wird uns alle umbringen. Alle Juden.« Er stutzt einen Augenblick, dann nimmt er lachend meine Hände. »Liebes Kind, [...] was für ein absurder Gedanke. So ein kleiner Angsthase.« Er schreibt ein paar Zeilen an die Gestapo, daß es ihm die Arbeit erleichtern würde, wenn er sich bei Waiki über Verschiedenes informieren könne.

Grete Weil: *Meine Schwester Antigone*[11]

Den Haag, den 21. Juni '41 [...]
An die Sicherheitspolizei, Euterpestraat, Amsterdam

In meiner Eigenschaft als Treuhänder der Firmen Pharmaca Dr. Weil [...] und N. V. Medische Preparaten Dr. Weil [...] teile ich mit, dass durch die Anwesenheit des Dr. Edgar Weil die Abwicklung der beiden Firmen gefördert würde.
gez. Kattenstroth

Brief von Ludwig Kattenstroth[12]

Der feige Hund, das reicht natürlich nicht. Ich gehe weg mit dem Wissen, das Gespräch meines Lebens verloren zu haben. Mein Talent, mit Worten etwas deutlich zu machen, hängt in Fetzen. Ich werde keine Zeile mehr schreiben.

Grete Weil: *Meine Schwester Antigone*[13]

Grete Weil erhielt von ihrem Mann aus Schoorl zwei Kassiber, die er einem Halbjuden, der wieder freigelassen wurde, mitgeben konnte. Die erste offizielle Nachricht erreichte sie Ende Juli: Edgar Weil teilte ihr auf einer vorgedruckten Postkarte mit, dass er sich im Konzentrationslager Mauthausen befände. Der Name des oberösterreichischen Lagers sagte Grete Weil zu diesem Zeitpunkt noch nichts. Dass sich die Häftlinge in dem Steinbruch zu Tode arbeiten mussten oder im Geröll abstürzten, erfuhr sie erst nach dem Krieg. An der formal-bürokratischen Inszenierung der Korrespondenz erkannte sie freilich, wie sie in *Meine Schwester Antigone* berichtet, die grausame Menschenverachtung.

---

[11] Grete Weil: *Meine Schwester Antigone*, S. 48–51.
[12] Abschrift eines ms. Briefs von Ludwig Kattenstroth, Monacensia, Nachlass Grete Weil.
[13] Grete Weil: *Meine Schwester Antigone*, S. 48–51.

Ich bekam zwei Briefe von ihm. Auf liniertem, schwarz umrandeten Papier, mit klein gedruckten Anordnungen, die von dem spärlichen Raum, der den Schreibenden einmal im Monat für einen Brief zustand, noch einen großen Teil wegnahmen.

Grete Weil: *Meine Schwester Antigone*[14]

Folgende Anordnungen sind beim Schriftverkehr mit Gefangenen zu beachten:
1.) Jeder Schutzhaftgefangene darf im Monat zwei Briefe oder zwei Karten von seinen Angehörigen empfangen und an sie absenden. [...]
2.) Geldsendungen sind gestattet [...].
3.) Zeitungen sind gestattet, dürfen aber nur durch die Poststelle des Konzentrationslagers Mauthausen bestellt werden.
4.) Pakete dürfen nicht geschickt werden, da die Gefangenen im Lager alles kaufen können.
5.) Entlassungsgesuche aus der Schutzhaft an die Lagerleitung sind zwecklos.
6.) Sprecherlaubnis und Besuche von Gefangenen im Konzentrations-Lager sind grundsätzlich nicht gestattet. [...]

Edgar Weil, Nr. 1412
geboren am: 7.7.08
Block 15 Stube 1
Mauthausen, den 3 August 1941

Liebstes, ganz weiss ich erst jetzt wie ich dich lieb habe. Dank für Deinen Brief. [...]

Brief auf Vordruck von Edgar Weil[15]

Mein Mann beherrschte die Kunst, verschlüsselt sehr viel mitzuteilen. Im ersten Brief versprach er, sich nicht umzubringen.

Grete Weil: *Meine Schwester Antigone*[16]

Versuche Ernst Krakenberger aus Nürnberg nicht zu begegnen; wenn es sich doch nicht vermeiden lässt, so versöhne du dich, schon wegen Bella. Freiwillig wird er dir schon nicht über den Weg laufen.

Brief von Edgar Weil[17]

---

[14] ebd., S. 123
[15] hs. Brief von Edgar Weil auf vorgedrucktem Bogen v. 3. August 1941, Monacensia, Nachlass Grete Weil.
[16] Grete Weil: *Meine Schwester Antigone*, S. 123.
[17] hs. Brief von Edgar Weil v. 3. August 1941. Mit der Anspielung auf den Bekannten Ernst Krakenberger, der sich umgebracht hatte, bat Edgar Grete Weil, nicht Selbstmord zu begehen.

Es klang alles nahe an hoffnungslos.

Grete Weil: *Meine Schwester Antigone*[18]

An Vater Streif habe ich noch alte Schulden in Höhe von 300 Gulden. [...] Ich bin enttäuscht, dass Else unzuverlässig [ist] und dich bei der Arbeit nicht unterstützt. Niemand weiss besser als ich, dass du jetzt arbeiten und Erfolg haben musst. Wenn Bella da nicht einspringt, will es mir vorkommen, als wenn es nicht mit rechten Dingen zuginge. [...] Ich habe nichts mehr zu schreiben. Über allen Gedanken steht mein ganzes Fühlen für dich. Und Zärtlichkeit möchte ich dir im Übermaass geben.[...]

[...A]lle Kraft ist zusammengefasst in meiner Liebe für Dich, meinem Wissen um Dich, und im Bild von Mu. Edgar
1 x im Monat Postempfang
Poststelle Konzentrationslager Mauthausen: zensiert

Brief von Edgar Weil[19]

Im ersten Brief schreibt Edgar, dass er noch Schulden in Höhe von 300 Gulden an Vater Streif habe, die ich bezahlen solle. Ein winziger Hoffnungsschimmer: Edgar erhofft sich irgendeine Erleichterung zu verschaffen. Im nächsten Brief steht, dass der alte Streif das Geld nicht mehr brauche.

Grete Weil: *Leb ich denn*[20]

Mauthausen, den 31 August 41

Liebste, für 3 Briefe danke ich Euch. Ich habe in meinem letzten nicht gewagt, Vater zu grüssen, nun weiss ich von Euch dass sein Leben ausgelebt. Sag Mutter Dank für ihre Weise das Geschehnis mitzuteilen, ich sehne mich an ihre Seite. Die Schulden an den alten Streif brauchen nicht zurückbezahlt werden, er hat sie wirklich nicht nötig u. will es nicht zurückhaben. [...] Grüsse für Bella, deren Plaudern ich gerne wieder hörte, an Erna die mir viel einfällt [...].
[...] An Auswanderung wirst Du arbeiten. Schade dass Richard nicht mehr helfen kann. Küsse meine Mu, Dir ganz Ed[gar]

Brief von Edgar Weil[21]

Im Oktober kommt die Todesnachricht. Ich hole jeden Morgen die Post unten aus dem Kasten, aber an diesem Tag hat irgendein Mitbewohner sie in Empfang genommen und sie mir unter die Wohnungstür geschoben. Ich hebe sie auf, halte meinen letzten Brief an Waiki in der Hand, mit dem Stempel darauf »An Absender zurück«. Darüber steht in ungelenker Schrift mit rotem Stift »Unbekannt«. Waiki ist unbekannt in Mauthausen, wo er doch gerade noch war, man weiß seinen Namen nicht mehr.

---

[18] Grete Weil: *Meine Schwester Antigone*, S. 123.
[19] hs. Brief von Edgar Weil v. 3.8.1941. Die Anmerkung wurde aufgestempelt.
[20] Grete Weil: *Leb ich denn*, S. 161.
[21] hs. Brief von Edgar Weil auf vorgedrucktem Bogen v. 31. August 1941, Monacensia, Nachlass Grete Weil. Aus dem Text wurden aus Zensurgründen 1 ½ Zeilen ausgeschnitten.

Langsam, ganz langsam dringt Verzweiflung in mich ein; bevor sie mich ganz überwältigt, möchte ich die Tabletten nehmen, die ich mir am Tag nach seiner Verhaftung besorgt habe. Aber das kann ich nicht, vielleicht irre ich mich, vielleicht ist er nur in einen anderen Block gekommen oder in ein anderes KZ. Vielleicht, vielleicht. Erst vierzehn Tage später erhalte ich die offizielle Todesnachricht durch den Jüdischen Rat, die letzte Gewißheit.

Grete Weil: *Meine Schwester Antigone*[22]

Bis zum Herbst 1941 erreichten vier Transporte mit niederländischen Juden das Konzentrationslager Mauthausen. Ende Dezember waren von den rund 850 Gefangenen nur noch acht am Leben. Viele verunfallten während der Schwerstarbeit im Steinbruch, einige begingen Selbstmord, zahlreiche erlagen Krankheiten infolge von Erschöpfung und manche wurden von der SS niedergeschossen.

Offiziellen Angaben zufolge starb Edgar Weil am 17. September 1941. Der gemeinsame Jugendfreund Walter Jockisch besuchte Grete Weil noch im Herbst in Amsterdam. Vor seiner Rückkehr nach Deutschland beschlossen die beiden, nach dem Krieg zusammenzubleiben.

Edgar Weils Mutter Paula, die von allen »Mu« gerufen wurde, sollte untertauchen, überleben und nach 1945 zu ihrem zweiten Sohn Hans in die Vereinigten Staaten auswandern.

Ich lebe weiter, wache am Morgen auf, schlafe am Abend ein. Jeden Morgen, jeden Abend. So viele Jahre. Dazu verurteilt, Waiki langsam zu vergessen. Erst ist seine Stimme nicht mehr zu hören, dann rieche ich ihn nicht mehr, dann muß ich ein Foto anschauen, um zu wissen, wie er ausgesehen hat. Auf dem Foto aber ist er jung, könnte mein Sohn sein und allmählich mein Enkel. Ich träume, daß ich meinen Enkel zum Geliebten habe und weine mich in Schlaf. Alles, was noch von Waiki existiert, ist meine Wunde, der Schmerz über den verlorengegangenen Schmerz, meine tiefste Wirklichkeit.

Grete Weil: *Meine Schwester Antigone*[23]

Amsterdam-Zuid, 8. Dezember 1942 [...]
Hiermit bestätigen wir, dass Margarete Elisabeth Weil-Dispeker, geb. 18.7.1906 wohnhaft in Amsterdam, Beethovenstraat 48, beim Jüdischen Rat von Amsterdam, Abt[eilung] Expositur, Jan van Eijckstraat 15, tätig ist.
[...] Heilbut

Bestätigung des Jüdischen Rats[24]

---

[22] Grete Weil: *Meine Schwester Antigone*, S. 154.
[23] ebd., S. 154–155.
[24] ms. Bestätigung des Jüdischen Rats, Monacensia, Nachlass Grete Weil (Überset-

Im Sommer 42 begannen die Deportationen. Ich arbeitete beim jüdischen Rat [...]. Heute empfinde ich es als Schuld, daß ich im Jüdischen Rat mitgemacht habe. Niemand weiß, was passiert wäre, wenn es ihn nicht gegeben hätte. Ob das Entsetzliche noch viel grausamer abgelaufen wäre oder nicht. Als ich zum Jüdischen Rat kam, war die Hälfte aller in Amsterdam lebenden Juden dabei. Im Grunde hat die eine Hälfte der Juden dafür gesorgt, daß die andere zuerst wegkam. Die Nazis haben ja nicht einzelne gesucht, sie wollten Zahlen haben. Und natürlich versuchte jeder, sich und die Seinen zu retten. Es ist aber für mich keine Schuld, die mein Leben verdüstert. Ich kann nur sagen, mir wäre wohler, wenn ich nicht mitgemacht hätte. Es gab aber keine andere Möglichkeit, meine Mutter zu retten [...].

Grete Weil: *Nicht dazu erzogen*[25]

Amsterdam, den 29. Juni 1943
Ausnahmebescheinigung
Die Jüdin Weil-Dispeker, Margarete Elisabeth Sara
geboren am: 18.7.1906 in Egern
wohnhaft: Amsterdam Beethovenstraat 48
Persoonsbewijs Nr. A35/06393
ist im Auftrag der Zentralstelle für jüdische Auswanderung tätig.
Bei Polizeiaktionen und sonstigen Erfassungen für den Arbeitseinsatz
ist deshalb von einer Festnahme abzusehen.
[...] A[us] d[er] Fünten, SS-Hauptsturmführer

Bestätigung der Zentralstelle für jüdische Auswanderung[26]

Von den 1941 in den Niederlanden lebenden 140552 Juden wurden bis Kriegsende 102000 ermordet. Von Juli 1942 an wurden vom nordholländischen Durchgangslager Westerbork aus wöchentlich tausend Juden in verschlossenen Güterwaggons in die Konzentrations- bzw. Vernichtungslager Auschwitz, Sobibór, Bergen-Belsen und Theresienstadt deportiert.

Für die unmittelbare Organisation der Deportationen war die sogenannte »Zentralstelle für jüdische Auswanderung« unter der Leitung des SS-Hauptsturmführers Ferdinand aus der Fünten verantwortlich. Um den Widerstand möglichst im Keim zu ersticken, bedienten sich

---

zung von L. E.).
[25] Grete Weil: *Nicht dazu erzogen, Widerstand zu leisten*. In: Dorlies Pollmann, Edith Laudowicz (Hrsg.): *Weil ich das Leben liebe ... Aus dem Leben engagierter Frauen*. Köln 1981, S. 176–177.
[26] ms. ausgefüllte vorgedruckte Bestätigung der Zentralstelle für jüdische Auswanderung, Monacensia, Nachlass Grete Weil.

die Nationalsozialisten auch in den Niederlanden des Organisationsmodells *Jüdischer Rat*. Dieser verstand sich einerseits als reine Befehlsübermittlungsstelle der Deutschen, fungierte andererseits aber bald als einziges Sprachrohr der jüdischen Bevölkerung gegenüber den Besatzungsbehörden und erwarb sich so eine gewisse administrative Machtposition. Die Funktionäre und Mitarbeiter des Jüdischen Rats unterstützten im Gegenzug zu Ausnahmeregelungen für sich und ihre Familien die reibungslose Abwicklung der Deportationen. Die große Mehrheit der in Holland lebenden Juden konnte so innerhalb von vierzehn Monaten abtransportiert werden.

Grete Weil wurde am 13. Juli 1942 wie all jene, die einen nahen Angehörigen in Mauthausen verloren hatten, als Mitarbeiterin eingestellt: zunächst als Fotografin. Dann kam sie als Sekretärin in die *Joodsche Schouwburg*, ein altes Theater, in das die in Amsterdam verhafteten Juden zunächst gebracht wurden. Bis zum September 1943 führte sie untergeordnete Tätigkeiten aus. Wie sie selbst wurde auch ihre Mutter Isabella Dispeker immer wieder auf Zeit von der »Erfassung zum Arbeitseinsatz«, wie die Deportation ins KZ zynisch beschönigend bezeichnet wurde, »freigestellt«. Da sie wie die anderen Mitarbeiter des Jüdischen Rats meist im voraus von Razzien wusste, konnte sie ihr Nahestehende warnen. So rettete sie etwa einmal Edgar Weils Mutter Paula buchstäblich in letzter Minute.

Grete Weil verarbeitete ihre Erlebnisse in der Schouwburg in zwei literarischen Texten. Für das erste Weihnachtsfest an ihrem Untertauchplatz schrieb sie das zwischen Kabarett und Tragödie hin- und herpendelnde Theaterstück *Weihnachtslegende 1943*.

Unmittelbar nach Kriegsende verfasste sie den Prosatext *Ans Ende der Welt*, der freilich erst 1949 im Ost-Berliner Verlag Volk und Welt erscheinen konnte. Die fiktive Erzählung berichtet von zwei holländisch-jüdischen Familien, die am selben Tag in die Schouwburg gebracht werden. Der Juraprofessor, seine großbürgerliche Gattin und Tochter Annabeth glauben zunächst wegen ihrer sozialen Stellung an einen Irrtum. Wieder freigelassen werden sollen aber der – wegen seiner Arbeit für die Kriegsindustrie wichtige – Diamantenschleifer, seine proletarische Frau und Sohn Ben.

Psychologisch differenziert schildert Grete Weil die Reaktionen der Figuren: schließlich denunziert der Akademiker den im Widerstand tätigen Arbeitersohn Ben.

Grete Weil gibt aber auch dem in der Erzählung namenlosen Hauptsturmführer ein differenziertes Profil. Er, der den Krieg schnell beendet wissen will, um sein ziviles Leben weiterführen zu können, versucht, sich auf die Befehlsausführung zu beschränken. Da er seine uneingestandene Angst aber in Alkohol ertränken muss, erliegt er immer wieder der Perfidie und Grausamkeit der nationalsozialistischen Machtmechanismen.

Im ersten Stock blieb er stehen: »Möchte den Schlafsaal besichtigen«, sagte er und stieß ein hohes, meckerndes Lachen aus. Der Gedanke, diese Judenweiber bei Nacht zu erschrecken, machte ihm großes Vergnügen.
Man öffnete bereitwillig die Tür. Er taumelte einen Schritt zurück und hielt sich die Nase zu. »Pfui Teufel, stinkt das Zeug«, sagte er angewidert, dann aber trat er doch näher.
Den ersten Strohsack bei der Tür hatte eine alte Arbeiterfrau inne, die schlaftrunken zu ihm emporblinzelte.
»Schweine!« sagte er laut. »Säue! Alles Judenschweine! Laß deine dreckigen Füße sehen.«
Die Frau setzte sich auf und schlug gehorsam die Decke zurück.
»Wußte ich's doch!« brüllte der Hauptsturmführer. »Dreckige Füße hat die Sau! Darum muß sie auch auf Transport.«
Er schwankte ein wenig und trat, die Mütze weit aus der Stirn geschoben, zum nächsten Strohsack, auf dem eine junge, hübsche Person lag.
»Laß deine Füße sehen.«
Sie stand eilfertig auf und streckte ihm ihr Bein entgegen.
»Ei, ei, das hat sich ja gewaschen. Schön sauber bist du. Das mag ich. Zieh dich an und geh nach Hause.«
Die Frau starrte ihn ungläubig an. Schon aber hatte ein Junge vom Jüdischen Rat sie an der Hand gefaßt und aus dem Schlafsaal gerissen.
»Schnell«, flüsterte er, »sonst bekommt er Reue.«

Grete Weil: *Ans Ende der Welt*[27]

Es kommt der 29. September [1943]. Wir haben nichts von einer Razzia gehört, erfahren aber in der Schouwburg, dass wir nicht mehr nach Hause dürfen. Eine Nacht lang gefangen, eine einzige Nacht, in der ich mir fieberhaft überlege, ob ich fliehen oder mitgehen soll. Wie ich mich entscheide, Mutter und ich werden nicht zusammenbleiben, so viel ist mir klar, dagegen kann ich vielleicht etwas für sie tun, solange ich frei bin. [...]
Ich versuche einen Kollegen, einen guten Freund, zu überreden, mit mir zu fliehen, aber er, der eine deutsche »arische« Freundin hat, weigert sich. [...] Dann verabrede ich mit Mu's Freundin Erna [...], dass wir es gemeinsam versuchen wollen. Es kommt nur ein Weg in Frage, der frühere Bühneneingang, jetzt Ge-

---
[27] Grete Weil: *Ans Ende der Welt.* Erzählung (Erstausgabe Berlin 1949). Zit. nach Fischer Taschenbuch Frankfurt am Main 1989, S. 77–78.

päckgang genannt, weil hier die Bagage der Verhafteten hereingebracht wird. Es kann sein, dass einer der uns bewachenden SS-Männer draußen steht und uns zurückschickt. [...]
Wir gehen schweigend Hand in Hand, ein letzter Schritt – niemand steht draußen. Schnell reißen wir uns die Sterne von den Mänteln. [...]
Mutter wusste genauso von der Razzia [...].

Grete Weil: *Leb ich denn*[28]

Sie wohnte damals zwangsweise in einer Arbeitergegend, das ein Halbghetto war: zur Hälfte war's von einem Bahndamm umgeben und war sehr leicht abzusperren. Da wurden alle Juden, die aus anderen Gegenden kamen, hingebracht, aber es wohnten noch Arbeiter dort, die wurden nicht rausgeworfen.

In der Nacht von der letzten Razzia – sie wohnte im ersten Stock, es war eine ganz hübsche Wohnung, oben wohnten Juden, die sie natürlich gekannt hat. – Also es wussten alle in diesem Ghetto, dass eine Razzia ist und dass sie in dieser Nacht wahrscheinlich geholt werden. Es saßen alle auf ihren Koffern und Rucksäcken rum. Meine Mutter aber ging ins Bett, weil sie sich gesagt hat: Es nützt ja auch nichts, wenn ich wegkomme und unausgeschlafen bin. Zwischen zwei und drei in der Nacht hat's bei ihr geklingelt. Sie schlüpfte schnell in ihren Morgenmantel ohne Stern – natürlich war verboten, eine Tür zu öffnen ohne Stern –, und draußen standen zwei deutsche SD-Leute. Die fragten: »Wohnen Sie hier allein.« Sie sagte mit Recht: »Ja.« Sie fragten: »Wissen Sie, ob oben noch Juden wohnen.« Und sie sagte: »Das weiß ich nicht.« Damit hat sie eigentlich gesagt, dass sie blind ist: Wenn sie sie auch nicht gekannt hätte, sie hätte doch die Sterne sehen müssen. Dann sagten die beiden: »Entschuldigen Sie, gehen Sie wieder ins Bett. Entschuldigen Sie die Störung«, ohne sich einen Ausweis ... – sie hat sicherlich auch einen falschen gehabt, aber ihr richtiger hat ein J gehabt. Ich habe also jahrelang darüber nachgedacht: Es war wie ein Wunder. Und: sie war ja so blond und so blauäugig, net? Also für eine Arbeiterfrau konnte man sie sehr schlecht halten, auch für eine Jüdin eben sehr schlecht. Sie haben sie einfach für eine Deutsche gehalten. Ich schreib' da: Die haben sie ja nicht nur dafür gehalten, sie war ja eine.

Interview mit Grete Weil[29]

In ihrer Autobiographie *Leb ich denn, wenn andere leben* berichtet Grete Weil ausführlich von den bangen Stunden Ende September 1943. Als sie durch eine entfernte Bekannte, die sie bat, zu ihrer Mutter zu gehen, erfuhr, dass diese nicht mitgenommen worden war, brach sie in Tränen aus. Isabella Dispeker tauchte bei einer Familie nahe Zaandam unter. Grete Weil versteckte sich bis knapp vor Kriegsende in der Wohnung von Edgar Weils ehemaligem Schulfreund Herbert Meyer-Ricard. Obwohl vor allem der letzte Kriegswinter hart war, es an Nahrungs-

---

[28] Grete Weil: *Leb ich denn*, S. 184–186, S. 188.
[29] Interview von Lisbeth Exner mit Grete Weil, 26. März 1997.

mitteln, Heizmaterial und Strom fehlte, stand an ihrem Untertauchplatz nicht mehr der tägliche Überlebenskampf im Vordergrund. Vielmehr musste Grete Weil sich mit ihren Mitbewohnern arrangieren, Beschäftigung in der aufgezwungenen Ruhephase finden und die Erfahrung verarbeiten, dass sie hätte vernichtet werden sollen.

Nachdem sie 1933 die literarische Arbeit aufgegeben hatte, begann sie wieder zu schreiben. Neben der in der Schouwburg spielenden *Weihnachtslegende 1943* entstand der autobiografische Roman *Der Weg zur Grenze*: Der Versuch, ihre Liebesgeschichte mit Edgar in transponierter Form zu erzählen, ist bis heute unveröffentlicht.

Deutschland war kaputt wie ich selbst. Wir paßten gut zusammen. Wollte ich ein Bild für mich gebrauchen, sagte ich, daß ich in tausend Stücke zersprungen und stümperhaft wieder zusammengeleimt sei. Die Ruinen waren ein Spiegel.
Ich ging in keine Einsamkeit, ich ging zu einem Mann, der mich erwartete, meinem Jugendfreund Walter Jockisch. Da er, der Opernregisseur geworden war, Deutschland nie verlassen hatte, besaß er einen großen Freundeskreis, der bald auch der meine wurde. Ich war integriert, fühlte mich nicht »fremd im eigenen Land« und hatte es so ungleich leichter als die meisten anderen Remigranten.
Grete Weil: *Vielleicht, irgendwie...*[30]

Ende 1947 übersiedelte Grete Weil nach Darmstadt. In den folgenden Jahren lebte sie in Stuttgart, Westberlin und Hannover, je nachdem, wo Walter Jockisch Funktionen an Opernhäusern übernahm. Mitte der fünfziger Jahre zogen die beiden nach Frankfurt am Main, 1960 heirateten sie.

[A]ls ich [...] beschloss, nach Deutschland zurückzukehren, um Schriftstellerin zu werden, wusste ich, wie entsetzlich schwer, ja, wie fast unmöglich es sein würde, schreibend genug zu verdienen, um zu überleben. Ich wagte es trotzdem, konnte es wagen, denn da gab es die in der Hitlerzeit zwangsweise verkaufte pharmazeutische Fabrik von Edgars Vater. Ich fuhr nach Deutschland mit dem festen Vorsatz, sie zurückzubekommen. [...]
Ich habe die Verhandlungen damals gut geführt. Das Verhandeln machte mir Spass. Mein Gegenanwalt sagte mir zum Schluss: »Hoffentlich weiß Ihre Familie, was Sie für sie getan haben.« Sie wusste es nicht, doch Hans und Paula waren so großzügig, mir Edgars Anteil ganz zu überlassen [...]. [W]ir haben alle, die ganze Familie Weil und ich, viele Jahre von dieser Fabrik gelebt [...].
Auf den Fortbestand der Fabrik bauen, damit sie schnell in unseren Besitz zurückkam, war sicher das Gescheiteste, was ich in meinem Leben gemacht habe.

---

[30] Grete Weil-Jockisch: *Vielleicht, irgendwie ...*, S. 56.

> So hatte ich immer genug Geld, um das zu tun, was ich gern tun wollte: große Reisen machen, gute Autos fahren, in anständigen Hotels wohnen, im Alter so viel Taxi fahren wie ich will, mir schließlich an einer der schönsten Stellen im Tessin ein kleines Haus bauen, und last, not least vielen anderen Menschen helfen.
>
> Grete Weil: *Leb ich denn*[31]

Bis zu Walter Jockischs Tod 1970 sah Grete Weil ihre Hauptaufgabe darin, den Lebensgefährten zu unterstützen: Als gute und begeisterte Autofahrerin war sie sein Chauffeur, als Gastgeberin und Köchin kümmerte sie sich um die gesellschaftlichen Aufgaben.

Ohne Veröffentlichungsmöglichkeiten rückte das Schreiben in den Hintergrund. Es entstanden Librettis zu Opern von Hans Werner Henze und Wolfgang Fortner. Danach arbeitete Grete Weil in der ersten Hälfte der fünfziger Jahre an dem umfangreichen Prosatext *Antigone*, der die Lebensgeschichte von Sophokles Tragödienheldin neu interpretiert. Der Roman wurde aber nicht veröffentlicht.

> Ich habe viele Jahre nicht darüber gesprochen, dass ich schreibe. Es kam mir nicht mitteilenswert vor, über etwas, das so lange erfolglos war, zu reden.
>
> Grete Weil: *Leb ich denn*[32]

Nachdem sie für den Wiesbadener Limes Verlag Prosa aus dem Englischen und Amerikanischen übersetzt hatte, publizierte dieser 1962 die westdeutsche Neuauflage der Erzählung *Ans Ende der Welt*. Durch das Interesse des Verlegers und der Lektorin ermuntert, intensivierte Grete Weil ihre literarische Arbeit. 1963 und 1968 folgten bei Limes der Roman *Tramhalte Beethovenstraat* und die Erzählungen *Happy, sagte der Onkel*. In beiden Prosabänden legt die Autorin in fiktiver Form Zeugnis ab von der Kriegs- und Verfolgungserfahrung, stellt aber auch die Überlebensthematik in den Mittelpunkt. Eine größere Leserschaft fanden diese Bücher nicht.

1974, vier Jahre nach dem Tod von Walter Jockisch, übersiedelte Grete Weil mit ihrem besten Freund nach Grünwald bei München. Den noch in Frankfurt begonnenen Roman *Meine Schwester Antigone* stellte sie 1979 fertig.

Das Buch handelt vom Altwerden und vom Krieg, von der Verfolgung – dem Thema meines Lebens, im Grunde gibt es kein anderes, die Verstörung sitzt tief,

---

[31] Grete Weil: *Leb ich denn*, S. 84–85 (Umstellung durch L. E.).
[E] Grete Weil: ebd., S. 79.

auch dann, wenn ich nicht darüber spreche [...] –, das Buch handelt von Antigone, der Prinzessin von Theben, dem Ödipuskind, das sterben mußte, weil es den Mut hatte, nein zu sagen.

Grete Weil: *Generationen*[33]

Auch dieses Manuskript wurde zunächst von Verlagen abgelehnt. Renate Nagel, die damals Lektorin bei Benziger war, nahm den Roman Anfang 1980 an: *Meine Schwester Antigone* erschien im Sommer.

Der späte Erfolg tut gut. Der späte Erfolg tut weh. Der Preis war zu hoch. Ich bin ein Zeuge. Nichts anderes. Als Zeuge muß ich aussagen. Dieser Wunsch, dieser Zwang hat mir die Kraft gegeben durchzuhalten. Viele Jahre lang wollte es niemand hören. Das ist anders geworden.

Grete Weil: *Generationen*[34]

In dem Roman *Meine Schwester Antigone* schildert die Ich-Erzählerin, eine Schriftstellerin, den Ablauf eines Tages in den siebziger Jahren in Frankfurt. Gegenwart ist für die Erzählerin vor allem »Existenz aus Erinnerung«. Eine Todesanzeige in der Zeitung, Bemerkungen des Steuerberaters, ein Pullover in einem Schaufenster, Fragen des Patenkindes lassen sie immer wieder an Vergangenes denken. Ihre Kindheit, die Rückkehr nach Deutschland, der Tod des zweiten Lebenspartners sind ihr präsent. Im Mittelpunkt steht die Auseinandersetzung mit den Jahren in Amsterdam: die Deportation und Ermordung ihres ersten Mannes Waiki, die eigene Zeit beim Jüdischen Rat und die Monate im Versteck.

Neben Verweisen auf die antike Antigone und der Integration der authentischen Tagebuchaufzeichnungen eines Wehrmachtsoldaten geht es Grete Weil also um autobiografische Literarisierung.

Meine Schwester Antigone wurde vielfach rezensiert und in mehrere Sprachen übersetzt. Der Roman war Grete Weils erster Bucherfolg. Lesereisen machten die vierundsiebzigjährige Autorin mit einem Publikum bekannt, das sich nach all den Jahren des Verdrängens für das Terrorregime des Dritten Reiches zu interessieren begann.

1983 folgte der Roman *Generationen*, in dem, ebenfalls autobiografisch geprägt, die Ich-Erzählerin von einer Wohngemeinschaft mit zwei Frauen unterschiedlichen Alters erzählt und wieder Gegenwart und Vergangenheit in Beziehung setzt. In *Der Brautpreis* variiert Grete Weil 1988 die Frage nach der eigenen jüdischen Identität, indem sie zwei Ich-Erzählerinnen, eine heute lebende Grete und

---

[33] Grete Weil: *Generationen*, S. 128.
[34] ebd., S. 132.

die alttestamentarische Michal abwechselnd zu Wort kommen lässt. Beide Romane erschienen wie der 1992 publizierte Erzählungsband *Spätfolgen* im Verlag Nagel & Kimche.

Grete Weil wurde mit zahlreichen Preisen ausgezeichnet, so etwa mit dem Wilhelmine-Lübke-Preis des Kuratoriums Deutsche Altershilfe, mit dem Tukan-Preis der Stadt München, dem Geschwister-Scholl-Preis oder der Carl-Zuckmayer-Medaille des Landes Rheinland-Pfalz, 1996 erhielt sie den bayerischen Verdienstorden. 1998 fand in München im Literaturarchiv Monacensia, das heute ihren literarischen Nachlass aufbewahrt, eine Ausstellung statt.

Ich bringe einen alten Pelzmantel zur Sommeraufbewahrung. Die Verkäuferin – Mittelalter, sehr schick, lange, rote Nägel – untersucht ihn kritisch. O je, der ist an vielen Stellen brüchig. Ja, gnädige Frau, Sie werden sich mit dem Gedanken vertraut machen müssen, ihn über kurz oder lang wegzugeben. Meine Antwort: Ich muß mich mit dem Gedanken vertraut machen, über kurz oder lang alles wegzugeben. Sie schaut mich fassungslos an. Ich habe über mein Alter, habe über den Tod gesprochen. Das oberste aller Tabus verletzt.

Grete Weil: *Generationen*[35]

Grete Weils späte Romane zeichnen sich durch das Ineinanderverschränken von Vergangenheit und Gegenwart aus. Zur Gegenwart gehört für die Ich-Erzählerinnen die Erfahrung des Altwerdens. Indem Grete Weil auch von Schwerhörigkeit, Bewegungseinschränkungen und Einsamkeit erzählt, interpretiert sie Alter als »Assoluta der unheilbaren Krankheiten«.

So war ich schon als Kind, ertrug es nicht, ausgeschlossen zu sein. Keine Erfahrung hat das geändert, nicht Emigration, Verfolgung, Untertauchen, als man versuchte, mich vom Leben auszuschließen, und ich mich dagegen stemmte. Jetzt hilft kein Wehren mehr, Altsein ist Ausschluß.

Grete Weil: *Generationen*[36]

Mit zunehmendem Alter änderte sich Grete Weils Blick auf die Vergangenheit.

Je weiter Auschwitz entfernt ist, desto näher kommt es, die Jahre dazwischen sind weggewischt. Auschwitz ist Realität, alles andere Traum. Nicht Mauthausen, wo Waiki ermordet wurde und ich mit ihm, das Entsetzen hat sich vom eigenen

---

[35] ebd., S. 42.
[36] ebd., S. 37.

Schicksal verlagert auf das der vielen. Auschwitz ist Chiffre, kein Ort auf der Landkarte.
[...] Ich weiß, daß ein gebrochenes Gelenk nur lästig ist und wieder heilt. Meine Krankheit heißt Auschwitz, und die ist unheilbar.

Grete Weil: *Generationen*[37]

In einer Erzählung aus dem Band *Spätfolgen* thematisiert sie 1992 in Auseinandersetzung mit den Erinnerungen des italienischen Chemikers, Schriftstellers und Auschwitz-Überlebenden Primo Levi nochmals die eigene Zeugenschaft. Die Frage »Und Ich?« beantwortet sie schon im Titel des Textes mit der Selbstdefinition »Zeugin des Schmerzes«.

Über vierzig Jahre lang habe ich mir eingebildet, ein Zeuge zu sein, und das hat mich befähigt, so zu leben wie ich es getan habe. Ich bin kein Zeuge mehr. Ich habe nichts gewußt. Wenn ich Primo Levi lese, weiß ich, daß ich mir ein KZ nicht wirklich vorstellen konnte. Meine Phantasie war nicht krank genug. [...]
Zeuge bin ich für die Verfolgung, nicht einmal für die Deportation, ganz sicher nicht für die KZ-Greuel.

Grete Weil: *Spätfolgen*[38]

Obwohl sie die Perspektive auf das eigene Schicksal in den letzten Lebensjahren relativierte, arbeitete Grete Weil bis zuletzt an ihrer Autobiografie. 1998 erschienen unter dem Titel *Leb ich denn, wenn andere leben* bei Nagel & Kimche die ersten beiden Teile, die Kindheit und Jugend und die Zeit der Emigration und Verfolgung umfassen.

Zwar gab Grete Weil in Gesprächen gerne schon ausformulierte Episoden aus dem dritten Teil wieder, der von den Jahren nach ihrer Rückkehr nach Deutschland erzählt. Nach dem Fortgang dieser Arbeit gefragt, antwortete sie aber meist verärgert, dass sie aufgrund ihres hohen Alters nur schlecht vorankomme.

Grete Weil starb am 14. Mai 1999 in Grünwald bei München.

---

[37] ebd., S. 6–7.
[38] Grete Weil: *Spätfolgen*. Zürich 1992 (= Erstausgabe), S. 102–103, 105.

Grete Weil
Der Weg zur Grenze[1]

Grete Weil tauchte Ende September 1943 in Amsterdam unter und entkam so der Deportation. In ihrem Versteck stand nicht mehr der tägliche Überlebenskampf im Vordergrund, sie musste vielmehr auf engem Raum mit ihren Mitbewohnern auskommen und Beschäftigung finden. So entstand 1944 der 238 eng beschriebene Manuskriptseiten umfassende Roman *Der Weg zur Grenze*. Der Prosatext ist »Edgar Weil, ermordet am 17. September 1941 im Konzentrationslager Mauthausen« gewidmet. Auf Grete Weils Wunsch wurde der stark von ihrer Beziehung zu Edgar Weil inspirierte Roman nie veröffentlicht.

Zum Inhalt: Monika Merton erzählt im Februar 1936 während eines Aufenthalts in einer Schihütte dem jungen Lyriker Andreas von Cornides ihre Liebes- und Leidensgeschichte. In konventioneller Form berichtet sie von ihrer Beziehung zu Klaus Merton und von dessen Ermordung im KZ Dachau. Der Ausflug ist ihr Abschied von Deutschland, denn sie muss wegen ihrer Arbeit für den Widerstand über die Grenze nach Österreich fliehen. Andreas, der sich zuvor nicht viel um Politik gekümmert hat, wird durch ihren Bericht so verunsichert, dass er unschlüssig die Grenze entlangfährt und von einer SA-Patrouille erschossen wird. Monika gelingt die Flucht.

In der hier leicht gekürzt wiedergegebenen Passage werden die Wochen nach Klaus Mertons Verhaftung im Herbst 1934 geschildert.

---

[1] Das maschinenschriftliche Manuskript wird in der Monacensia aufbewahrt. Der hier abgedruckte Auszug (Seite 217–226 mit Kürzungen) wurde in der Veranstaltung *radioKultur in der Monacensia – Exil* (Pre-Hearing des Features *Deutschland war ebenso kaputt wie ich selbst* und Werkstattgespräch mit der Autorin Lisbeth Exner und Gabriele Förg, Redaktion Hörbild und Feature) am 22. Mai 2007 von der Schauspielerin Doris Schade gelesen. Der Erstdruck folgt in Orthografie und Interpunktion dem Manuskript. Auslassungen und Ergänzungen sind durch [] gekennzeichnet, »ue« wurde der besseren Lesbarkeit halber durch »ü« ersetzt. Der Abdruck erfolgt mit freundlicher Genehmigung von Michaela Schenkirz.

Der Weg zur Grenze

»Haltung[«] ist ihr Lieblingswort geworden, sie übt sie mit zäher, krampfhafter Verbissenheit und wahrt sie auch in dem Augenblick, in dem ihr der alte Balthasar einen Brief in die Bibliothek bringt. Sie legt das Couvert auf die flache Hand und sagt mit stark bewegten Lippen, dass er es gut begreifen kann: »Von meinem Mann« und er nickt mit ernstem Gesicht.

Es ist ein billiger, grüner Briefumschlag und Monika liest, bevor sie ihn öffnet den Auszug aus der Lagerordnung, der auf das Enveloppe gedruckt ist und besagt, dass die Schutzhaftgefangenen nur einmal im Monat Post empfangen dürfen, nicht mehr als 15 Zeilen auf einer Seite, dass sie Zeitungen im Lager bekämen und sich in der Kantine alles kaufen könnten, weswegen es verboten sei, Pakete zu schicken; ferner, dass es zwecklos wäre, Anträge auf Freilassung an den Kommandanten zu stellen.

Klaus Schrift ist klar und zügig wie immer, Monika fährt gierig liebkosend nach wie er ihren Namen geschrieben hat [...]. Sie betrachtet den Absender.

Den Doktortitel hat er weggelassen, dafür steht hinter seinem Namen die Häftlingsnummer, es ist 1418, eine gute, runde Zahl, – sie achtet jetzt auf all diese Dinge und legt ihnen ein übergrosses Gewicht bei.

Noch immer hält sie den geschlossenen Brief in der Hand; längst hätte sie den Inhalt schon wissen können, doch sie zögert und je länger das Warten dauert, desto mehr flösst ihr das Schreiben Vertrauen und Zuversicht ein.

Endlich geht sie zum Schreibtisch und öffnet es, ganz gegen ihre Art sorgfältig mit einem Messer. Es sind zwei beschriebene Seiten, an einer Stelle hat der Zensor drei Zeilen herausgeschnitten.

Doch sie liest noch immer nicht. Mit grossen Schritten läuft sie durch den Raum und spielt mit sich selbst das quälende und süsse Spiel, das sie sich schon vor Tagen erdacht hat: Dass Klaus dort drüben bei den Büchern steht und sie mit ihm spricht.

»Ich habe einen Brief bekommen«, sagt sie ihm und er lächelt sonderbar; abwesend und hinterhältig, wie er es jetzt manchmal tut: »So lies ihn doch!«

So setzt sie sich auf die Treppe und hebt das Blatt zu den Augen.

Der erste Satz ist schwerer Dreiklang aus Liebe, Sehnsucht und Tod;

der zweite lässt das Thema nicht mehr fallen, aber der Tod deckt jetzt alles andere zu und noch bevor [s]ie den Inhalt ganz versteht, – denn Klaus hat sich einer vielfach gewundenen Sprache bedient, die ausser ihr niemand begreifen soll – weiss sie, dass er an nichts anderes gedacht hat in der Stunde des Schreibens und in den vielen Tagen vorher, als an die bittere Notwendigkeit ihr zu sagen, dass er sterben wird. [...]

Was dann noch folgt ist Bitte um Hilfe [...], Gruss an andere Menschen (die aufgezählten Namen sind herausgeschnitten, da man sie wohl für einen Code gehalten hat), ist Beteuerung von Kraft und Willen zum Leben.

Stundenlang bleibt Monika auf den Stufen hocken und sieht ohne etwas aufzunehmen ins Leere. Dann endlich reisst sie sich zusammen. [...]

Sie zieht Linien auf einem Papier (fünfzehn Zeilen darf die Seite haben), sie malt, bedrückt von der ungewohnten Einteilung langsam und unbeholfen wie ein Schulkind Buchstaben auf Buchstaben, damit ihre nervöse, schwer lesbare Hand auch für das primitivste Auge schnell zu deuten ist. Zugleich mit der äusseren Einengung setzt auch die innere ein, ein feindlicher Dritter hört ihrem Gespräch zu und eigentlich ist ihr die Gegenwart des Gefängniswärters gar nicht so unerwünscht, denn sie sagt ohne es selbst zu wissen lauter Lügen und weil ein anderer dabei ist braucht sie sich nicht zu schämen. Sie erzählt von greifbaren Hoffnungen, von hilfsbereiten Menschen, von der festen Überzeugung bald am Ziel zu sein. Sie beschreibt ihre Tage und ihre Nächte in der flüssigen Form des gewandten Briefschreibers und lässt die Tränen unerwähnt. Ganz zum Schluss, in den letzten paar Zeilen bricht die Schrift aus, da stammelt sie arme, schluchzende Worte der Liebe und wie sie den Brief noch einmal überliest, erkennt sie schaudernd, dass sie verzweifelt, aber die einzig wahren sind. Doch fehlt ihr der Mut von vorne zu beginnen, sie lässt das Geschriebene, wie es dasteht und schliesst das Couvert hastig und mit schlechtem Gewissen. [...]

Balthasar meldet auf der kleinen Schiefertafel, die er immer bei sich trägt »einen jungen Mann aus Frankreich« an [...].

Es ist Raymond, der Kamerad von jener lebendig-schönen Küste, zu der die Gedanken so oft zurückgehen und er sieht immer noch aus wie ein Oxford-Student, mit dem begehrlichen Mund und der kleinen Stupfnase. Nur die kurzsichtig zusammengekniffenen Augen haben einen warmen und gar nicht mehr jungenhaften Blick.

[...] Er will helfen und glaubt mit der strahlenden Naivität des Ungehetzten an den Erfolg. [...]

Die Bedenken und Hemmungen, die vielen Wenn und Aber, mit denen sich [...] unermüdliche Freunde wie Freiberg herumschlagen, existieren nicht für Raymond, er ist siegessicher, furchtlos und am Ende haben Mut und Unbefangenheit, hier wie überall auf der Welt Erfolg. Er lässt nicht locker, er bohrt und dringt bis zum Polizeipräsidenten und dem Stadthalter vor. Ein junger französischer Arzt, mit vielen Empfehlungsschreiben versehen steht vor den Gewaltigen und versichert mit unnachahmlichem Reinen-Toren-Lächeln, dass er zu einer Gruppe von Intellektuellen gehöre, die mit dem neuen Deutschland sympathisiere. Man sei für Verständigung, aber natürlich nicht auf demokratisch-liberaler Basis, denn die bedeute ja nichts als Schwäche, nur der Starke könne in schöner, freier Entscheidung sich den Nachbar zum Freund wählen. Diese Phrasen bringt er ohne zu zögern in seinem geschliffenen Französisch oder holpernd in Deutsch, wie es gerade gebraucht wird, zur Anwendung.

Erst am Ende einer Unterredung erwähnt er ganz nebenbei, dass ein guter Freund von ihm in Dachau sitzt, eigentlich aus keinem andern Grund, als weil er Jude ist.

Er sei gerade kein Philosemit, fügt er mit schlauem Augenzwinkern hinzu, aber in Frankreich denke man nun einmal nicht so radikal in der Rassenfrage. Es wäre ja auch schwer die Kinder Israels von den Romanen zu unterscheiden. [...]

Und er bricht in fröhliches Lachen aus, in das der Deutsche einstimmt.

Auf einen Juden mehr oder weniger kommt es nicht an, wohl aber darauf, sich einige Jahre noch die französische Jugend in dem angenehmen Schlafzustand zu erhalten, in dem sie gegen alle Aufrüstung und Kriegsvorbereitungen blind und taub zu sein scheint. Von verschiedenen Seiten verspricht man Raymond, dass Klaus in den nächsten Tagen freigelassen wird. [...]

Das Glück ist noch nicht ganz zu fassen. Monika geht schwindlig, benommen gegen Abend durch die Stadt, deren Schaufenster schon weihnachtlich geschmückt sind. Sie erlebt das Wunder, dass sie wieder sehen, sich für Dinge interessieren, den Menschen ins Gesicht blicken kann.

Es wird nicht mehr lange dauern, bis Klaus neben ihr geht, bis sie Arm in Arm durch die Strassen streifen. [...] Monika lächelt vor sich hin.

Über einer Barockkirche sieht sie ein Stück schwarzen Himmels und auf einmal bleibt sie wie angewurzelt stehen. Gestalten bewegen sich in dem Ausschnitt zwischen den beiden Türmen, so als wäre dort die Leinwand eines Freilichtkinos gespannt. Es ist unscharf eingestellt, fünf oder sechs oder zehn Männer sind zu einem Haufen geballt und schieben sich bald vor un[d] bald zurück, völlig lautlos und doch mit der verbissenen Intensität eines Kampfes auf Leben und Tod.

Langsam verschwinden sie und wie eine Überblendung in Grossaufnahme erscheint auf der Himmelsleinwand riesig und scharf Klaus Kopf und sein Gesicht trägt den enthusiastischen Ausdruck der Liebe, des Rausches. Über seiner breiten Stirn aber liegt nicht wie sonst das schöne, schwarze Haar, sein Schädel ist nackt und blutet aus vielen Wunden.

Monika weiss, dass man den Sträflingen in den Konzentrationslagern die Haare abschert; sie hat dies Wissen zurückgedrängt, vergessen, ausgelöscht, bis sie es hier jäh und schrecklich wiederfindet. Die Knie werden weich, sie kann nicht gehen, sie starrt in den Himmel und plötzlich lacht sie, heiser und bellend, die Vorübergehenden schauen sie verwundert an, sie ist verrückt und es wird keinen Augenblick mehr dauern, bevor sie zu schreien beginnt. Aber noch ist die Scham der Zivilisation vor dem Ausbruch des Herzens in ihr lebendig, mit letzter Kraft schleppt sie sich fort. Der Hut drückt, sie reisst ihn vom Kopf, der kalte Wind fährt in ihr dichtes Haar und zerrauft es, sie verliert ihre Handschuhe und wird es nicht einmal gewahr. Da sie irgend etwas vernichten muss, dreht sie die beiden Knöpfe von ihrem Mantel und wirft sie fort.

Eine halbe Stunde später wird sie, zitternd vor Kälte, mit verwirrtem Haar und blaurot gefrorenen Händen von Balthasar eingelassen. [...]

Da sie sich längst an Pulver gewöhnt hat, nimmt sie die doppelte Dosis und kriecht, gebeugt wie eine Schwerkranke, ins Bett.

Sie zwingt sich zu denken: In ein paar Tagen ist Klaus hier. Aber die Freude kommt nicht mehr zurück.

Sie erwacht am späten Vormittag. Balthasar hat ihr das Frühstück ans Bett gestellt. Schlaftrunken fährt sie in die Höhe und sieht auf dem silbernen Tablett neben sich einen Brief.

Sie nimmt ihn und buchstabiert mühsam, als würde sie eben lesen lernen, die Worte, die da in ihrer eigenen Schrift geschrieben stehen: »Klaus Merton, Nr. 1418, Konzentrationslager Dachau.« Mit zwei dicken blauen Strichen hat man diese Adresse durchkreuzt und mit dem Stempel »An Absender zurück« versehen. Darüber aber steht, mit Rotstift in einer ungelenken Hand geschrieben: »Unbekannt.«

Einmal hatte Monika sich bei Meister Höllriegel den eisernen Hebel einer Bildpresse an die Stirn geschlagen und dabei in dumpfem Schreck gedacht: Mein Kopf ist entzwei. Wie sie dann aber gewahr wurde, dass sie nicht zu Boden fiel, ging sie taumelnd durch das ganze Zimmer zum Fenster. Erst dort strömte das Blut und überschwemmte ihr in einer Sekunde das Gesicht mit heisser Feuchtigkeit.

Genau so ist es wieder. Sie hält den Brief, mit dem plump geschriebene[n] »Unbekannt« in der Hand und ist zu Tode erschrocken. Jetzt ist es aus mit mir, sagt sie sich und zieht die Nachttischschublade auf in der viele und starke Schlafmittel liegen. Es ist eine ganz mechanische Bewegung, so wie man den Arm hebt um sich gegen einen Schlag zu schützen. […]

Monika kreist um das schwarze Loch des Schmerzes und sinkt noch nicht in den dunklen Abgrund, weil der Rausch des Nichtbegreifenkönnens sie trunken macht. Kopfüber in die Tiefe stürzt erst der Nüchterne, der mit klaren Sinnen das Unheil erfasst un[d] zu gleicher Zeit erkennen muss, dass die Trauer des menschlichen Herzens nicht ausreicht um die Leere zu füllen.

Freiberg tobt als er nach Hause kommt und schreit unbeherrscht den wie lauschend dastehenden Balthasar an, weil er Monika den Brief ausgehändigt hat. […]

»Ich glaube, ihr habt alle den Verstand verloren«, sagt Raymond. »Das ganze ist natürlich ein Irrtum, eine unverzeihlich grausame Schlamperei, die aber schliesslich in jeder Verwaltung vorkommen kann. Die Herren genieren sich nicht zu sagen, wenn jemand tot ist.«

Er hat trotz all seiner Zeitungsweisheit keine Ahnung wie gut die Organisation bei den Deutschen ist, auch wenn es sich um Folterkamp und Liquidation von Menschen handelt. Das Konzentrationslager Dachau verfügt über eine Schreibstube mit sorgfältig geführter Registratur […].

Monika schweigt. Sie mag den Freunden nicht sagen: »Lasst mich in Ruhe« […].

Sie liegt meist im Bett und wendet den Kopf nicht mehr um die Bäume zu sehen. Manchmal geht sie durch den Garten. Doch nur wenn es dunkel ist. Sie zieht die Finsternis um sich wie einen schwarzen Schleier. Ihre Augen, die […] genau wie die von Klaus die Welt geliebt haben, wollen nicht mehr schauen.

Die wenigen Stunden, die sie am Tage auf ist, verbringt sie in der Bibliothek. [...] Sie streicht scheu und heimatlos zwischen den Regalen hin und her, zieht einen Band heraus, liest ein paar Zeilen, aber alles, jedes Wort, jeder Gedanke erinnert sie an Klaus. Das hält sie genau so wenig aus wie den Anblick seiner Bilder, die sie immer bei sich trägt und nie aus der Tasche zieht. Verzweifelt und ungeduldig stellt sie den Band an seinen Platz zurück. [...]

Die Tage kommen und gehen. Die Zeit verrinnt, sie weiss es kaum.

Zwei Wochen, nachdem der Brief zurückgekommen ist, sitzt sie in der Bibliothek. Da tritt Freiberg ein und hält eine Karte in der Hand. Sein Gesicht ist weiss wie die Wand.

Monika hebt den Kopf. Sie sieht ihn an und versteht. Nichts anderes ist geschehen, als dass alle jetzt wissen, was sie schon lange weiss, aber ihre Hände ballen sich zu Fäusten und schlagen gegen den Kopf und während sie sich mit einem grässlichen Aufschluchzen in den Abgrund des Schmerzes wirft, hört sie über sich, weit entfernt, Freibergs tonlose Stimme sagen:

»Ja, Monika, er ist tot.«

Aus der Arbeit
des Literaturarchivs

Neuzugänge im Literaturarchiv der Monacensia 2007/2008

Zusammengestellt von Frank Schmitter

Die Neuerwerbungen des städtischen Literaturarchivs Monacensia beschränken sich nicht nur auf geschlossene Nachlässe. Es konnten über Autografenhändler und Privatsammler ausgewählte Konvolute und Einzelstücke als Ergänzungen erworben werden. So kam ein größeres Konvolut von Korfiz Holm, dem einflussreichen Lektor des Albert Langen Verlages und des *Simplicissimus*, in die Monacensia, das den Sammlungsschwerpunkt zur Schwabinger Boheme ideal ergänzt. Außerdem erhielt die Monacensia Briefe von Annette Kolb, Frank Wedekind, O. J. Bierbaum, Olaf Gulbransson, Ruth Schaumann und zwei bibliophile Kostbarkeiten aus der ersten Schaffensperiode von Herbert Achternbusch: ein Buch mit handgeschriebenen Gedichten und Siebdrucken und eine Mappe mit großformatigen Drucken und Texten. Die Neuzugänge kompletter literarischer Nachlässe waren in den letzten beiden Jahren:

Nachlasserwerbungen 2007

MICHAEL MANN: Nach einer Musikerkarriere als Violinist und Bratschist studierte Michael Mann (1919–1977), der jüngste Sohn von Thomas Mann, nach dem Tod seines Vaters in Harvard Germanistik und wurde 1964 Professor an der Universität von Berkeley, Kalifornien, berufen. Mitte der 70er Jahre beschäftigte er sich intensiv mit dem Leben und Werk des eigenen Vaters und plante eine zweibändige, kommentierte Ausgabe der Tagebücher von Thomas Mann herauszugeben – eine Arbeit, an der er auf tragische Weise zugrunde ging. Michael Mann nahm sich 1977 das Leben.

Für die Monacensia bedeutet der literarische Nachlass von Michael Mann eine wichtige Ergänzung zu den kompletten literarischen Nachlässen von Erika und Klaus Mann, Elisabeth Mann Borgese und den großen Konvoluten von Golo und Monika Mann. Die Schenkung manifestiert den Ruf des Literaturarchivs der Stadt München als wichtigstes Forschungsinstitut zur Familie Mann.

Der Nachlass umfasst die Vorarbeiten zur Edition der Tagebücher von Thomas Mann, Gedichte, Dramen, wissenschaftliche Aufsätze, autobiografische Texte und Dokumente, Briefe und Fotografien.

KARIN STRUCK: Seit dem großen Erfolg ihres Debütromans *Klassenliebe*, erschienen 1973 im Suhrkamp Verlag, thematisierte Karin Struck (1947–2006) in ihren stark autobiografischen, bekenntnishaften Romanen wie *Mutter*, *Lieben*, *Trennung* immer wieder die Rolle der Frau in der Gesellschaft und in der Familie. Sie erhielt mehrere Literaturpreise. Ihre letzten Lebensjahre verbrachte Karin Struck zurückgezogen in München, wo sie 2006 ihrer schweren Erkrankung erlag.

Der literarische Nachlass der Schriftstellerin Karin Struck bereichert die Bestände der Münchner Gegenwartsliteratur im Literaturarchiv der Stadt München. Er wurde der Monacensia von der Karin-Struck-Stiftung e. V., Erbin des literarischen Nachlasses von Karin Struck (www.karin-struck.de), zur archivalischen und wissenschaftlichen Aufarbeitung übergeben.

Der Nachlass umfasst zahlreiche Tagebücher, Manuskripte, biografische Dokumente, Korrespondenz und Fotos.

Nachlasserwerbungen 2008

PHILIP ARP: Philip Arp (1929–1987) führte ein Leben für die Bühne. Als Pantomime, Schauspieler und Sänger begeisterte er die Zuschauer in Stadt und Land, bis er 1970 sesshaft wurde und mit seiner Frau Anette Spola 1970 das *TamS*, das »Theater am Sozialamt«, in Schwabing, gründete. Seine Sketche in der Tradition von Karl Valentin machten ihn und sein Theater zu einer Institution. München dankte ihm durch zahlreiche Auszeichnungen.

Der Nachlass bildet Leben und Wirken des Universalkünstlers Arp ab. Er reicht von Manuskripten, Skizzen, Fotos, Bühnendialogen über Zeichnungen, persönlichen Erinnerungsgegenständen, Briefen bis hin zu Bühnenrequisiten und Objekten, wie einer Kurbelgitarre und einer Lachmaschine.

LUDWIG FRIEDRICH BARTHEL: Der Historiker und Archivar Ludwig Barthel (1898–1962) machte sich als Lyriker einen Namen. In einigen Schriften überhöhte er das Gedankengut des Nationalsozialismus. 1942 erhielt er den Dichterpreis der Stadt München. Die Schrecken der Nazi-Diktatur und des Zweiten Weltkrieges führten zu einer Rückbesinnung auf eine stille, konservative Naturlyrik. Ludwig Friedrich Barthel hat trotz regelmäßiger Publikationen keinen Anschluss an die Nachkriegsliteratur gefunden. Sein Werk geriet in Vergessenheit.

Der Nachlass umfasst insgesamt 16 Kartons mit zahlreichen Manuskripten, Skizzen, verstreuten Gedichten, Korrespondenzen und biografischen Dokumenten.

JÜRGEN EGGEBRECHT: Jürgen Eggebrecht war in Personalunion Lektor, Schriftsteller und Hörfunkleiter und in allen Funktionen einflussreich und gut vernetzt. Der literarische Nachlass spiegelt mit seinen Jahrzehnte umspannenden Korrespondenz mit wichtigen deutschen Autoren die literarische und kulturelle Entwicklung in der Bundesrepublik Deutschland. Im Frühjahr 2010 werden bedeutende Briefe und andere Archivalien aus dem Nachlass unter dem besonderen Aspekt »Brieffreundschaften« in einer umfangreichen Ausstellung in der Monacensia präsentiert.

Der komplett eingearbeitete Nachlass umfasst 41 Kassetten mit 28 biografischen Dokumenten, knapp 4000 Briefen, über 500 Manuskripten und zahlreichen Fotos.

FRIEDRICH HITZER: Der Übersetzer, Autor und Herausgeber Friedrich Hitzer (1935–2007) gab als Chefredakteur der Zeitschrift *Kürbiskern* der engagierten, jungen Literatur ein Forum. Seine Korrespondenz mit Alfred Andersch, Martin Walser und vielen anderen gehört zur Chronologie der deutschen Nachkriegsliteratur. Bis zu seinem Tod bemühte sich Friedrich Hitzer um einen kulturellen und politischen Brückenschlag nach Russland.

Der Nachlass besteht aus einer umfangreichen Korrespondenz mit weit über 1000 Autografen und einer Materialiensammlung von über 120 Kartons, die primär Hitzers historische Forschungen und publizistischen Arbeiten dokumentieren.

KARL GÜNTER HUFNAGEL: Der gebürtige Münchner Karl Günter Hufnagel (1928–2004) schrieb zahlreiche eigenwillige Hörspiele und – nicht minder eigenwillige – Romane mit großer individueller Kraft, ohne jedoch das große Publikum zu erreichen.

Karl Günter Hufnagels literarischer Nachlass birgt einige noch unveröffentlichte Manuskripte, über 200 Manuskripte und zahlreiche, noch nicht katalogisierte Briefe.

BERNHARD KOLLER: Bernhard Koller (1934–1955) wuchs in Glonn (Landkreis Ebersberg) auf, legte in München das Abitur ab und begann ein geisteswissenschaftliches Studium. Der hochbegabte, schwermütige Lyriker ging im Alter von 21 Jahren in den Freitod und hinterließ ein erstaunliches lyrisches Werk. Nachdem die Zeitschrift *Akzente* posthum einige Gedicht gedruckt und Carl Amery ihn in einer Fernsehsendung gewürdigt hatte, wurde 2008 aus dem literarischen Nachlass in der *Lyrikedition 2000* im Allitera Verlag eine Neuausgabe veranstaltet.

Der Nachlass umfasst persönliche Dokumente (wie Fotoalben), Briefe (darunter der Abschiedsbrief an die Eltern) und die Gedichte, die vom Autor bereits für eine mögliche Publikation geordnet worden waren.

KARL HEINZ KRAMBERG: Der Kritiker, Journalist und Essayist Karl Heinz Kramberg (1923–2007) schrieb über viele Jahrzehnte für die *Süddeutschen Zeitung*. Kramberg war ein leidenschaftlicher Leser und Literaturvermittler, der sich auch als Romancier und Autor von Fernsehfilmen einen Namen machte und mit mehreren Preisen geehrt wurde.

Der Nachlass umfasst Tagebücher, Briefe, persönliche Dokumente und literarische Arbeiten, die zu Lebzeiten nicht publiziert wurden.

ERICH KUBY: Der literarische Nachlass des Publizisten, Schriftstellers und Journalisten Erich Kuby (1910–2005) kann ebenfalls zu den »Highlights« gerechnet werden. Kuby, der in seinem erfolgreichsten Roman *Das Mädchen Rosemarie* und dem Drehbuch zum gleichnamigen Film einen spektakulären Kriminalfall aus der Wirtschaftswunder-Ära beleuchtete, gehörte zu den einflussreichsten Journalisten und Autoren der Nachkriegszeit. Der »Nestbeschmutzer von Rang«, wie Heinrich Böll ihn einmal respektvoll-sarkastisch bezeichnete, hat seine markante Stimme immer wieder gegen Geschichtsklitterung, Selbstzufriedenheit und Machtmissbrauch erhoben. Die Monacensia widmet Erich Kuby anlässlich seines 100. Geburtstags ab Dezember 2009 eine Ausstellung zu seinen Kriegsbildern.

Der noch zu katalogisierende Nachlass umfasst in über 20 Kartons eigene Manuskripte, Materialsammlungen zu den verschiedensten Buchprojekten und Publikationen in diversen Medien, private und berufliche Korrespondenz, die Tagebücher und zahlreiche Fotos.

MAX LUDWIG: Max Ludwig (1873–1940) wurde bekannt als Maler bzw. Grafiker und als Schriftsteller. In den Jahren vor dem ersten

Weltkrieg schrieb er in rascher Folge mehrere Theaterstücke und Romane, wandte sich dann aber wieder der Malerei zu.

Der literarische Nachlass umfasst acht Typoskripte und einige Briefe in Fotokopie.

LEONHARD REINISCH: Der Journalist, Essayist und Herausgeber Leonhard Reinisch (1924–2001) gehörte über mehrere Jahrzehnte zu den markantesten Stimmen beim Bayerischen Rundfunk. Sein besonderes Engagement, die Aussöhnung mit Osteuropa und der Austausch der Kulturen, führte zu zahlreichen Kontakten und Korrespondenzen, die seinen literarischen Nachlass bereichern.

Der Nachlass umspannt hochrangige Korrespondenz, wie z.B. mit Manès Sperber und Golo Mann, zahlreiche Manuskripte seiner Essays und Rundfunkarbeiten, persönliche Dokumente und viele Widmungsexemplare befreundeter Schriftsteller.

HERBERT ROSENDORFER: Nachdem 2008 ein Konvolut von Manuskripten des ebenso populären wie produktiven Schriftstellers, Malers und Komponisten Herbert Rosendorfer angekauft wurde, erwarb die Stadt München den kompletten Vorlass des 75jährigen Autors. Ermöglicht wurde der Ankauf durch eine großzügige Spende der Kulturstiftung der Stadtsparkasse München an den Förderverein *Freunde der Monacensia e. V.* und aus Mitteln der Münchner Stadtbibliothek. Herbert Rosendorfer wirkte mehrere Jahrzehnte als Richter in München und hat sich in seinen sehr erfolgreichen, mehrfach ausgezeichneten Werken immer wieder mit dieser Stadt und ihren Menschen auseinandergesetzt. Rosendorfer gehört zu den in diesem Land seltenen und chronisch unterschätzten Unterhaltungsautoren von hohem Rang.

Das literarische Archiv umfasst über 100 Manuskripte, Aufsätze, Skizzen, Fragmente, mehrere Kartons Korrespondenz von und an Herbert Rosendorfer, umfangreiche Materialien zu seiner Tätigkeit am Lehrstuhl für Bayerische Literaturgeschichte, rund 1 000 Fotos und als Besonderheit die Richterrobe und den Schreibtisch, an dem frühe Romane entstanden sind. Die Sammlung der Schreibtische von Oskar Maria Graf, Josef Ruederer, Frank Wedekind und Sigi Sommer wird damit ideal erweitert.

ROIDER JACKL: Jakob Roider (1906–1975) wurde als 16. Kind einer Kleinbauernfamilie bei Landshut geboren und ist nach dem Besuch der Volksschule in den Forstdienst eingetreten. Sein musikalisches, darstellerisches und dichterisches Talent wurde früh entdeckt und durch Nachwuchspreise gefördert. Im regionaltypischen Genre der Gstanzln (kurze Spottlieder) hat Roider eine Meisterschaft entwickelt, die ihn berühmt werden ließ. Der Roider Jackl trat in vielen Radio- und Fernsehsendungen auf, seine Verse wurden beim Salvatoranstich am Nockherberg zur Gaudi des Publikums vorgelesen. Als Jakob Roider 1975 starb, sprachen die Medien vom »Hingang einer weißblauen Institution«.

Die Monacensia ist stolz, mit diesem reichhaltigen Nachlass diese für Bayern so typische Kunstgattung der Nachwelt zu erhalten. Der Ankauf des künstlerischen Nachlasses des Volkssängers Roider Jackl wurde ermöglicht mit Mitteln der Kulturstiftung der Stadtsparkasse München an den Förderverein *Freunde der Monacensia e. V.* und ergänzt auf glückliche Weise den Originalbestand »Volkskünstler«. Sein Werk steht beispielhaft für eine Volksliteratur im besten Sinne des Wortes.

Der Nachlass umfasst über 50 Aktenordner, die Texte zu über 3 000 Gstanzln, Tonbandmitschnitte, umfangreiche Materialiensammlungen, persönliche Dokumente, zahlreiche Zeitungsausschnitte, Schallplatten, CDs und Ausstellungsmaterialien.

WERNER SCHLIERF: Der Schriftsteller Werner Schlierf (1936–2007) war bestes literarisch-münchnerisches Urgestein. Der gelernte Optikermeister, der viele Jahre Geschäftsinhaber und Schriftsteller gleichzeitig war, erhielt für *Mein Name steht im Sand* 1983 den Bayerischen Romanpreis. Werner Schlierf war ein enorm produktiver und vielseitiger Volksschriftsteller.

Der Nachlass dokumentiert mit über 130 Manuskripten eindrücklich das Gesamtwerk des Autors.

HELMUT WALBERT: Der Nachlass von Helmut Walbert (1937–2008) wurde durch einen aufmerksamen Nachbarn der Nachwelt erhalten. Walbert machte sich in den 1970er Jahren besonders durch Theaterstücke für Jugendliche einen Namen (Förderpreis für Literatur der Stadt München 1976). Wenige Jahre vor seinem Tod fand er wieder zum Schreiben zurück.

Der Nachlass umfasst primär zahlreiche Manuskripte und Korrespondenz mit Theatern, Verlegern und Lesern bzw. Zuschauern seiner Theaterstücke.

ROLAND ZIERSCH: Der Literaturwissenschaftler Roland Ziersch (1904–1969) arbeitete zunächst als Lektor, bevor er 1930 mit seinem ersten Theaterstück großen Erfolg hatte und freier Schriftsteller wurde. Weitere Erfolge in der Vorkriegszeit machten Ziersch einem größeren Publikum bekannt. 1965 erhielt er den Tukan-Preis. An die Erfolge vor dem Zweiten Weltkrieg konnte er jedoch nicht mehr anknüpfen.

Der Nachlass umfasst viele teils unveröffentlichte Manuskripte, Korrespondenz mit Verlagen, Autoren sowie Zeitungen und persönliche Dokumente.

Elisabeth Tworek
Dichterschreibtische in der Monacensia
Orte der Erinnerung

Wenn heutzutage jemand im Zug oder in der Wartezone des Flughafens mit seinem Laptop arbeitet, muss es sich nicht um einen Geschäftsmann handeln. Vielleicht beendet ein Autor gerade seinen großen Roman, hält seine Reiseeindrücke fest oder aktualisiert seine persönliche Homepage im Internet. Unser Leben ist schnell geworden. Und flüchtig. Die Tastatur ersetzt den Stift, der Laptop die Schreibmaschine, die Oberschenkel ersetzen die Schreibunterlage. Wir schreiben überall, auch unterwegs, zwischen den Orten. Wir brauchen kein Papier mehr, keine Stifte, keinen Radiergummi. Das Schreiben hat sich endgültig entmaterialisiert. Das Werk hat keinen festen Ort mehr, an dem es entstand und wo es seinerseits vielleicht Spuren hinterließ.

Das kann man durchaus als einen Verlust betrachten. Denn der Schreibtisch eines Autors war oft weit mehr als ein austauschbares Möbelstück. Er war der Platz, der Genius Loci, von dem aus der Schriftsteller in die Welt seiner Phantasie und Gedanken aufbrach. Er war Ausdruck seines Selbstverständnisses, seiner Identität. Treuer Begleiter bei Umzügen oder der erzwungenen Emigration.

Landkarte der verlorenen Heimat

Für Oskar Maria Graf (1894–1967) beispielsweise wurde der Schreibtisch, beklebt mit Postkarten und Bildern, sogar zum Ort der Erinnerung und zur Landkarte seiner geliebten, verlorenen Heimat. Im September 1938 bezog Oskar Maria Graf mit seiner jüdischen Frau Mirjam Sachs die Wohnung 34, Hillside Avenue in Upper Manhattan, New York. Mit dem Schiff *Veendam* war er – wie so viele Emigranten – von Rotterdam nach New York geflüchtet, neun Wochen, bevor die deutschen Truppen in die Tschechoslowakei, seinen bisherigen

Zufluchtsort, einfielen. Manhattan wurde für ihn das neue Zuhause. Sein Freund Hein Kirchmeier, Urbayer vom Chiemsee, Kunsttischler, Autodidakt und Kommunist, schreinerte ihm den Schreibtisch wie auch die übrigen Regale und Schränke in der engen Zweizimmerwohnung. Ihm widmete er seinen Roman *Er nannte sich Banscho. Roman einer Gegend*.

An diesem Schreibtisch vollendete Oskar Maria Graf 1940 sein Hauptwerk *Das Leben meiner Mutter*, das Porträt einer einfachen Frau aus dem Volk und das einzigartige Zeugnis eines entbehrungsreichen Lebens auf dem Land, Grafs Gegenentwurf zum Blut- und Bodenkult der Nationalsozialisten. Während sich Oskar Maria Graf in das einfache Leben seiner Mutter von ihrer Geburt bis zu ihrem Tode hineindachte, hatte er nicht die breit daliegenden, kunstvoll verzierten Bauernhöfe von Aufkirchen und den Starnberger See im Blick, sondern den Hudson River und die sechsstöckigen Backsteinhäuser mit 184 Wohnungen, vollgestopft mit Emigranten aus Deutschland und Österreich. Über 5000 Kilometer lagen zwischen dem Standort des Schreibtisches in Manhattan und dem Landstrich, von dem Oskar Maria Graf erzählte. Einmal aus der vertrauten Umgebung in die Fremde hinausgeworfen, schrieb sich Oskar Maria Graf wieder an die eigenen Wurzeln heran. Fern von Zuhause destillierte er das Allgemeingültige heraus. Es wurde große Literatur. Auch in *Er nannte sich Banscho. Der Roman einer Gegend* (1942) und wenige Jahre später in *Unruhe um einen Friedfertigen* (1947) kehrte Graf schreibend an seinen Geburtsort zurück. Beide Romane thematisieren eine intakte kleine Welt, die durch Sitten, Bräuche, religiöse Riten zusammengehalten wird, bevor Ereignisse von außen wie ein Krebsgeschwür in sie eindringen und sie zerstören. Am Schluss ist alles Überkommene an Ordnung zerbrochen. Das Dorf, »wie es unzählige auf der ganzen Welt gibt«, hat die eigene Identität verloren; die traditionellen Werte und Regeln des Zusammenlebens gelten nicht mehr.

Die Zeitreise unterstützten Briefauskünfte, die sich Oskar Maria Graf bei den Geschwistern in Berg einholte, und vor allem Fotografien und Zeichnungen. Sie hingen zum Teil an der Wand oder pappten am Schreibtisch. Das dunkelbraune, an den Seiten verlängerbare, mit einem sekretärähnlichen Aufsatz bestückte Möbel fungierte als Pinnwand, Adressverzeichnis, Telefonliste. Zwei Fotos zeigen Grafs Heimatort Berg, ein weiteres Foto zeigt ein tanzendes Paar in oberbayerischer Tracht.

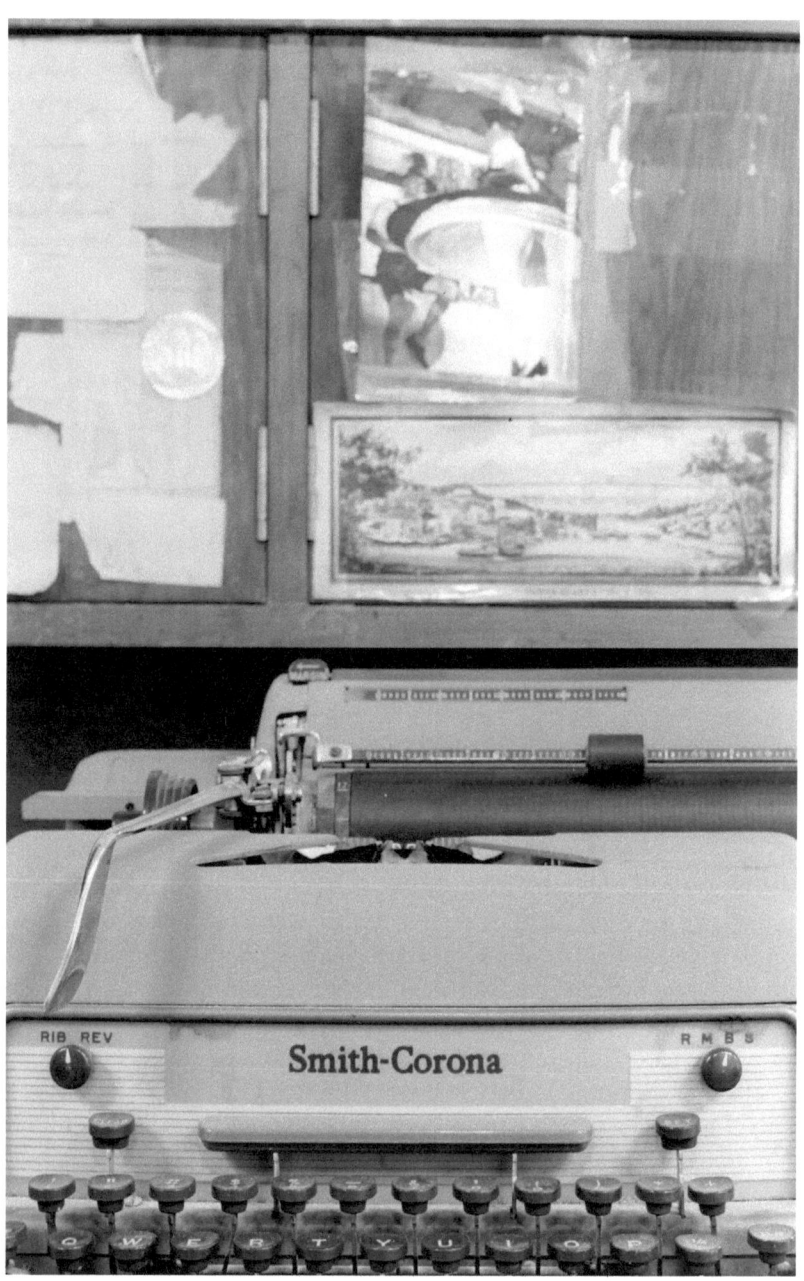

Die Schreibmaschine Grafs in New York, auf der er seine Werke verfasste, jetzt in der Monacensia.

Oskar Maria Graf starb 1967 im fernen New York, ein Jahr später wurde seine Asche auf dem Friedhof in München-Bogenhausen beigesetzt. Und der »treue Schreibtisch«, wie ihn die Witwe Dr. Gisela Graf nannte, kehrte 17 Jahre später nebst Stuhl und Schreibmaschine sowie all den Zeichnungen, Fotografien und Aquarellen nach München zurück und fand in der Monacensia seine feste Bleibe. Als die New Yorker Wohnung aufgelöst werden musste, folgte ein Container voller Literaturgeschichte: Briefe, Fotografien, Manuskripte, Schreibutensilien und Bierkrüge. Sie erzählen der Nachwelt vom Leben eines großen deutschen Schriftstellers, der in die Fremde vertrieben wurde.

Selbstverständnis des Besitzers

Oskar Maria Grafs Schreibtisch ist nicht der einzige, den die Monacensia beherbergt. Sie besitzt auch die Schreibtische nebst Stühlen von Frank Wedekind, Sigi Sommer und Josef Ruederer. Sie sind zusammen mit den literarischen Nachlässen der Schriftsteller in den Besitz der Stadt München gekommen.

Der preziös beladene Schreibtisch von Josef Ruederer (1861–1915) etwa zeugt vom Selbstverständnis des Münchner Großbürgertums. Ruederer liebte es, standesgemäß zu präsentieren – freilich nicht als unbequemer Autor, sondern als reicher Städter, der er durch die väterliche Erbschaft geworden war. Zunächst machte Josef Ruederer, dem Wunsch des Vaters folgend, eine Banklehre, bekannte sich aber sehr schnell zu seinen literarischen Neigungen und wurde mit dem 30. Lebensjahr Privatier. Das ermöglichte ihm ein sorgenfreies Leben als freier Schriftsteller. Nach dem Tod der Eltern begann für ihn ein neuer Lebensabschnitt. Als Zeichen seiner materiell unabhängigen Existenz ließ er sich 1908 eine opulente Villa in der Maria-Theresia-Strasse 28 im vornehmen Prominentenviertel Bogenhausen erbauen. Das Haus befindet sich in unmittelbarer Nachbarschaft zum Hildebrandhaus, dem Sitz der Monacensia, wo seit nunmehr 75 Jahren der literarische Nachlass von Josef Ruederer betreut wird. In seinen Romanen und Theaterstücken polemisierte er gegen Korruption, Vetternwirtschaft, Verkrustung und Interessenverfilzung des überaus geschäftstüchtigen Münchner Establishments. Anders als sein literarischer Widerpart Ludwig Thoma mischte Ruederer kein verständnisvolles Nicken in seine Kritik an Land und Leuten. »Mit einer Offenheit und Klarheit ohnegleichen macht er gegen alles Front, was angreifbar ist«, urteilte der Zeitgenosse Otto Falckenberg.

Ruederer gehörte um 1900 in München zu den literarischen Neuerern. Neben Frank Wedekind, Max Halbe und anderen war er im *Akademisch-dramatischen Verein* aktiv, der die herrschende Zensur zu unterlaufen trachtete. Auch war er zusammen mit Lovis Corinth, Frank Wedekind, Otto Eckmann, Carl Strathmann und Max Halbe Mitglied der Künstlervereinigung *Nebenregierung*, die sich über die staatstragende Traditionskunst eines Lenbach oder Kaulbach lustig machten. Ruederers Schreibtisch spiegelt jedoch die andere Seite seiner Persönlichkeit: Es ist der Schreibtisch eines Großbürgers mit teuren Accessoires, die heute bei einem Antiquitätenhändler hohe Preise erzielen würden. Wenn Ruederer es auch nicht gelang, von der kulturell tonangebenden Schicht respektiert und bewundert zu werden, so blieb ihm doch der Triumph einer materiell und geistig unabhängigen Existenz.

Gegenteil von kreativem Chaos

Ein Bürgerschreck war auch Frank Wedekind (1864–1918). Man sagt, dass der skandalumwitterte Dramatiker und Poet seinen Schreibtisch eigens in den USA nach Maß anfertigen ließ – in Reminiszenz an die geheimnisvoll ferne Vorstellung von Freiheit und Unabhängigkeit. Wedekinds Eltern hatten sie aus Amerika mitgebracht und an ihre Kinder weitergegeben. Als überzeugter Republikaner und Bismarck-Gegner war Frank Wedekinds Vater Friedrich Wilhelm 1849 nach Amerika ausgewandert, als praktischer Arzt in San Francisco schnell zu Reichtum gekommen und hatte dort seine Frau Emilie kennen gelernt. Die Eltern behielten die amerikanische Staatsbürgerschaft bei, als sie im Frühjahr 1864 nach Deutschland zurückgekehrt waren. Kurz darauf kam der zweite Sohn zur Welt, und Friedrich Wilhelm Wedekind ließ ihn als glühender Verehrer von Benjamin Franklin, dem amerikanischen Gründungsvater, auf den Namen Benjamin Franklin taufen, kurz Frank genannt.

Auf dem Schreibtisch aus hellem Edelholz entstanden freche Gedichte und Dramen, die die Zensur auf den Plan riefen und Frank Wedekind eine Gefängnisstrafe wegen Majestätsbeleidigung eintrugen. Eine Besonderheit ist auch der hölzerne Schreibtischstuhl auf kleinen Rädern, dessen Sitzfläche – ganz nach amerikanischer Westernmanier – nach hinten kippbar ist. Er erlaubte dem Benutzer, die Beine

Der Schreibtisch Wedekinds im Fundus der Monacensia

beim Lesen bequem und entspannt auf den Tisch zu legen. Wedekind brauchte für das Schreiben offensichtlich eine Art von körperlicher Beweglichkeit, die er auch im Leben bewies. Er war viel unterwegs, inszenierte und spielte selbst auf Theaterbühnen. Auf Fotografien hingegen demonstrierte er mit seinen beiden Töchtern Pamela und Kadidja ein solides Familienidyll. Dazu passt der massive Schreibtisch ganz ausgezeichnet.

Der Schreibtisch des Journalisten und Schriftstellers Sigi Sommer (1914–1996), dessen Kolumne *Blasius, der Spaziergänger* vierzig Jahre lang in der *Abendzeitung* erschien, kam 1987 in die Monacensia. Werner Meyer, damals Chefreporter der »AZ«, hatte die Idee, Dienstschreibtisch, Stuhl und Papierkorb der Monacensia zu vermachen, als sich Sigi Sommer nach vielen Jahrzehnten in den Ruhestand verabschiedete. Der »Schreibtischstuhl« stammte eigentlich aus dem Hotel Regina, wo Sigi Sommer als junger Mann Dauergast gewesen war. Als er in der AZ nun eine neue Bleibe fand, gab ihm der Hotelier den Caféhausstuhl mit auf den Weg. Obwohl auch anerkannter, mehrfach verfilmter Romanautor, blieb Sigi Sommer für die Münchner der grantelnde Chronist des Alltags, der Flaneur, Biergartenbesucher und die unverbildete Stimme des Volkes. Sommers Schreibtisch, der in seiner vollkommen designfreien Funktionalität auch in eine nüchterne Amtsstube gepasst hätte, sagt viel über das Selbstverständnis seines Besitzers. Hier soll sich nicht die edle Muse zum Kusse neigen, hier ringt ein Tageszeitungsautor im Wettlauf mit dem Redaktionsschluss um die gelungene Pointe. Fotos zeigen, dass auf dem Schreibtisch Dinge standen, mit denen sich Sigi Sommer gerne umgab: kleine Erinnerungen, Fundstücke, Fotos, Bilder und natürlich ein Telefon, eine Lampe und ein Locher – das Gegenteil von kreativem Chaos.

Jubiläen und Gedenktage 2009

Günther Gerstenberg[1]
»Das aber ist der ganze Mensch ...«
Erich Mühsam zum 75. Todestag

> An dem kleinen Himmel meiner Liebe
> will – mich dünkt – ein neuer Stern erscheinen.
> Werden nun die andern Sterne weinen
> an dem kleinen Himmel meiner Liebe?
>
> Freut euch, meine Sterne, leuchtet heller!
> Strahlend steht am Himmel, unverrücklich
> eures jeden Glanz und macht mich glücklich.
> Freut euch, meine Sterne, leuchtet heller!
>
> Kommt ein neuer Stern in eure Mitte,
> sollt ihr ihn das rechte Leuchten lehren.
> Junge Glut wird euer Licht vermehren,
> kommt ein neuer Stern in eure Mitte.
>
> An dem kleinen Himmel meiner Liebe
> ist ein Funkeln, Glitzern, Leuchten, Sprühen.
> Denn ein neuer Stern beginnt zu glühen
> an dem kleinen Himmel meiner Liebe.[2]

Ob der Eindruck stimmt? Eine Unsicherheit bleibt. Wer möchte dem, über den er schreibt, unrecht tun! Noch dazu Erich Mühsam, dem »Ritter der Freiheit«? Und doch finden sich Hinweise. Lesen Sie seine Tagebücher und dort zwischen den Zeilen! Ich vermute, Erich benutzt seine Gedichte auch, um mit dem schönen Geschlecht nähere Bekanntschaft zu machen. Wenn der schlanke Mann mit den blitzenden Augen hinter dem Kneifer und mit dem störrisch-wilden Haarschopf auftritt

---

[1] Günther Gerstenberg veröffentlichte in der *edition monacensia*: *Erich Mühsam: Wir geben nicht auf! Texte und Gedichte*. München 2003.
[2] Christlieb Hirte (Hrsg.): *Erich Mühsam. Gedichte, Prosa, Stücke*. Ausgewählte Werke Band I, Berlin (DDR) 1985, S. 24.

und seine Verse rezitiert, dann legt sich ein feuchter Schimmer auf viele langbewimperte Augen. Dann fliegen ihm die Herzen zu. (Aber nein, das ist nur ein eifersüchtiger Seitenhieb eines Mitmenschen, der vermutlich glaubt, ein wenig zu kurz gekommen zu sein!)

Erich Mühsam, am 6. April 1878 geboren, stammt aus gutem, deutschen Traditionen verpflichtetem Hause; er ist gebildet und er rebelliert. Handgreifliche Erziehung hat zwei mögliche Konsequenzen: Entweder wird dem Kind das Rückgrat gebrochen und das Korsett der Tradition ihm angepasst, sodass es genauso denkt und handelt wie es die elterliche Autorität verlangt. Oder das Kind entwickelt Widerstandskräfte, stärkt seinen Eigensinn und bricht aus der Traditionslinie aus.

Der junge Mann haut ab, taucht in die Boheme Berlins ein und dann in die Münchens. Er trifft eigenwillige, außergewöhnliche Menschen mit ausgeprägtem Selbstbewusstsein, er wird eigenständig, er erschafft sich selbst, in seiner Jugend zuweilen auch bis zur selbstverliebten Eitelkeit.

Viele, die vor und um die Jahrhundertwende ihrer bürgerlichen, ihrer großbürgerlichen oder gar adeligen Herkunft den Rücken kehren, finden zunächst zur Sozialdemokratie. Hier scheint sich die neu entstehende Klasse der Proletarier Ausdruck ihres Emanzipationswillens zu geben. Viele verlassen die Sozialdemokratie aber auch wieder, wenn sie erkennen, dass die revolutionäre Rhetorik nur verschleiert, was im alltäglichen Geschäft der Tagespolitik verkommt.

Ursprünglich hatten sich die Arbeiter auf ihrem Weg der Selbstfindung in kleinen Gruppen gefunden. Man lernte Lesen und Schreiben, man diskutierte Politik, gründete Invaliden- und Krankenkassen, unterstützte sich bei Entlassungen oder bildete Gewerkschaften. Alles im überschaubaren Rahmen. Die Arbeiter, denen sich dann Schritt für Schritt auch Arbeiterinnen anschlossen, lernten selbstständig denken und handeln. Sie übten den aufrechten Gang.

Als die Partei unter Führung Georg von Vollmars die Gruppen zu Ortsvereinen der bayrischen Sozialdemokratie umgestaltet, bekommt jeder Verein einen »Vertrauensmann« an die Seite gestellt. Dieser hat zwei Aufgaben: Er berichtet an die Parteiführung über Diskussionsstand und personelle Zustände im Ortsverband, und er hat die Generallinie der Partei im Ortsverband zu vermitteln und durchzusetzen. Kaum den aufrechten Gang gelernt, hat der Arbeiter sich jetzt wieder unterzuordnen. Wer da nicht mehr spurt, fliegt raus aus der Partei.

Mühsam verspottet die Sozialdemokratie und dichtet:

Wo blieb eure Tat? Oh, fragt euch laut:
habt ihr stets nur den eigenen Kräften getraut?
Nein, nein, ihr bautet auf flüchtigen Sand,
ihr gabt euer Schicksal in fremde Hand.
Ihr habt nicht gekämpft, ihr habt nur gewählt
und habt voll Stolz eure Stimmen gezählt,
und statt euch von jedem Herrn zu befrein,
nahmt Herren ihr an aus den eigenen Reihn
und wähltet und priest eurer Stimmen Zahl
und ließet die Taten dem Kapital.[3]

Der Dichter besucht, selbstbewusst bis zum Anschlag, Massenversammlungen der Münchner SPD, unterbricht deren ritualisierte Inszenierungen und spricht gegen die, die auf dem Podium sitzen. Allein. Bis er hochkant hinausgeworfen wird. Immer wieder. Er sagt sich: In jeder traurigen Wirklichkeit steckt auch das bessere Zukünftige. Scheinbar unmöglich, kann es doch entstehen.

Zugleich gründet er die Gruppe »Tat«. Hier finden sich die zu kurz Gekommenen, auch Arbeiter, Künstler, Maler, Vaganten, Kriminelle und Otto Gross, ein junger Psychoanalytiker, der nicht nur im Clinch mit dem Vater liegt, einem Professor für Kriminologie, sondern der erkennt, dass das patriarchale Element, das eine wesentliche Säule der Gesellschaft bildet, ein jeder und eine jede in den Knochen mit sich trägt. Nebenbei gesagt: Von Sigmund Freud führt über Otto Gross eine gerade Linie zu Wilhelm Reich und Max Horkheimer und Theodor W. Adorno.

Es kommt in der Gruppe zu gemeinsamen Aktionen und zu grundlegenden Fragestellungen: Können wir eine neue Welt errichten mit Menschen, die bis ins Innerste geprägt sind von der alten? Müssen wir nicht erst uns selbst verändern, bevor wir den Aufbau der neuen Gesellschaft in Angriff nehmen?

Ach, wenn es nur Gewissheit gäbe! Wer keine Autoritäten mehr akzeptiert, allen Institutionen misstraut, der spürt, wie brüchig dieses Leben ist.

---

[3] Zit. nach Erich Mühsam: *Wir geben nicht auf*, S. 142.

> Nachts braust ein hohles Rauschen an mein Ohr.
> Schrill tönt mein Schritt, der banges Leben kündet.
> Tief unterm Erdreich liegt ein Wasserrohr:
> Weiß nicht, wo's herkommt – weiß nicht, wo es mündet.
>
> So tief wie eine Ahnung rollt der Schall,
> wie bange Märchen, die wir schaudernd träumen.
> Mein Fuß erschrickt – und weiß, dass überall
> tief unter meinen Wegen Wasser schäumen.[4]

Nichts ist gewiss für den von allen traditionellen Bindungen befreiten Menschen, der immer neu darum ringen muss, die ethischen Maßstäbe seines eigenen Lebens aufzustellen und sich anzumessen. Ohne Bezug zur schlechten Wirklichkeit kann Mühsams Lyrik nicht sein; Dichtung und Politik paaren sich zu seiner Identität.

Aber einmal, da kommt es zu einem Wunder, geschieht das immer Ersehnte, wird der Traum wahr. Harry Kahn erinnert sich zehn Jahre später in der *Weltbühne*:

> »Ich persönlich sehe Mühsam immer, wie er an der Seite seiner ebenso handfesten wie herzensgütigen Frau an der Ecke der Münchner Theresienstraße aus dem Tramwagen springt und geschwungenen Regenschirms zur Türkenkaserne rennt, um die vor den geschlossenen Toren der Hochburg des königlich bayerischen Militarismus stockenden Revolutionäre anzufeuern, die erst lachenden, dann nachdenklich werdenden Soldaten zum Anschluss an seine Leute aufzufordern. Ich glaube keine Geschichtsklitterung zu treiben, wenn ich sage, dass ohne sein Eingreifen in jener Minute die Sache des Münchner und damit des gesamten deutschen Umsturzes zumindest auf das Verhängnisvollste verzögert worden wäre; denn es kam damals alles darauf an, diese letzte und wichtigste Machtposition der alten Gewalten auszuschalten. Das aber ist der ganze Mensch: mit einem Regenschirm auf die Barrikade!«[5]

Im November 1918 jagen die Bayern ihren König davon. Das Fenster in eine neue Welt tut sich auf. Zumindest öffnet sich ganz vorsichtig ein Flügel. Für kurze Zeit scheinen die Bewohner Münchens zu ahnen, was Freiheit bedeutet. Aus dem kleinen Glück, das alle immer wieder zu fassen suchen und das sofort wieder zwischen den Händen versickert, scheint ein großes, ein neues, ein mächtiges Glück möglich zu werden. Klassengegensätze und Kadavergehorsam stehen zur Disposition.

---

[4] Zit. nach Erich Mühsam: *Wir geben nicht auf*, S. 88.
[5] Harry Kahn: *Fünfzigjährige:* In: Die *Weltbühne*, Nr. 19 vom 8. Mai 1928, S. 725 f.

Und kann es nicht durch Gott gescheh'n,
dass sich die Menschheit liebe,
so muss es mit dem Teufel geh'n,
dem sich die Welt verschriebe.

Der Teufel hol' Gesetz und Zwang
samt allen toten Lettern!
Er leih' dem Geiste Mut und Drang,
die Tafeln zu zerschmettern!

Am Anfang trennte Gottes Rat
die Guten von den Bösen.
Am Ende steht die Menschentat,
den Gottesbann zu lösen.[6]

Mühsam agitiert unermüdlich, engagiert sich, wird zu einem führenden Repräsentanten der neuen Zeit, bis er von der Konterrevolution entführt und nach der blutigen Niederschlagung der Räterepublik vor Gericht gestellt wird. Hier vor den Richtern fasst er zusammen:

»Ich fühle mich nicht verantwortlich vor Ihnen, meine Herren. Verantwortlich bin ich nur dem Volk gegenüber, für das ich lebe und arbeite und das allein mich zu richten hat. Ich steh für alles ein, was ich getan habe und würde bei einer neuerlichen Ausrufung der Räterepublik genau wieder so handeln wie damals ... Ich bitte nicht um mildernde Umstände. Ich habe nicht zu bitten, ich habe zu verlangen und zwar den Freispruch!«[7]

Mit Hilfe seiner Frau Zenzl übersteht er die Jahre der Festungshaft, ist aber gesundheitlich angeschlagen. Die Weimarer Republik sieht ihn als Dichter und als außerparlamentarisch tätigen Politiker, der sich um Verfolgte kümmert, Unrecht, egal, wo es geschieht, anprangert und vor den Nazis, die immer mehr Zulauf bekommen, warnt.

An die Macht gekommen, rächen sie sich. Die KZ-Haft ist für Mühsam eine Tortur. Die Schergen demütigen ihn, quälen ihn, foltern. Ein Mitgefangener berichtet:

---
[6] Christlieb Hirte (Hrsg.): *Erich Mühsam. Gedichte, Prosa, Stücke.* Ausgewählte Werke Band I, Berlin (DDR) 1985, S. 302.
[7] Rekonstruiert in: Kurt Kreiler: *Die Schriftstellerrepublik. Zum Verhältnis von Literatur und Politik in der Münchner Räterepublik. Ein systematisches Kapitel politischer Literaturgeschichte*, Berlin 1978, S. 176 f.

»Am nächsten Vormittag ertönt ein wildes Geschrei auf der Treppe. Gestöhn. Fußtritte von Nagelstiefeln. Faustschläge. Eimer werden hin und her geworfen. Ein dumpfer Fall. Ein Körper stürzt die Treppe herunter, rollt auf dem Boden hin, Stiefelspitzen stechen nach ihm, treten ihm ins Gesicht. Es ist blutbeschmiert, grünblau verschwollen, verschoben, das eine Auge wie zugedunsen. Eimer mit Spülwasser fliegen hinterher. Der Gefolterte liegt in einer Lache, in der Hand einen Aufwischlappen. Er will sich erheben, aber die Stiefel treten ihn jedesmal nieder. Ich erwische einen Blick von ihm. Der Gefangene leidet, aber sein Blick ist nicht gebrochen. Und das Schreien kommt nicht von ihm. Es kommt von seinen Peinigern.«[8]

Der Dichter schreibt an Zenzl:

Angst packt mich an.
Denn ich ahne, es nahen Tage
voll großer Klage.
Komm du, komm her zu mir!
Wenn die Blätter im Herbst ersterben
und sich die Flüsse trüber färben
und sich die Wolken ineinander schieben,
dann komm, du, komm!
Schütze mich,
stütze mich,
fass meine Hand an.
Hilf mir lieben![9]

Die, vor denen er am meisten warnte, quälen ihn siebzehn Monate lang viehisch und ermorden ihn am 10. Juli vor 75 Jahren im Konzentrationslager Oranienburg bei Berlin.

Splitter aus Erich Mühsams Leben finden sich in der Monacensia: Archiv Erika Mann, Konvolut O. M. Graf, Material Erich Mühsam, Mon Mü 1 Verlag Stobbe, Mon Mü 3 Werner Gebühr, Nachlass Max Halbe, Nachlass Michael Georg Konrad, Nachlass Ludwig Thoma.

---

[8] Wilhelm Girnus: *Brandenburg, Oranienburg*. In: *Europäische Ideen*, Nr. 5/6, 1974, hrsg. von Andreas W. Mytze, Berlin, S. 10.
[9] Zit. nach Erich Mühsam: *Wir geben nicht auf*, S. 75.

Waldemar Fromm
Ein vergessenes Wedekind?
Heinrich Lautensack zum 90. Todestag

Heinrich Lautensack

Zur Einleitung der Arbeiten über Heinrich Lautensack gehört die Bemerkung, der Autor zähle zu den vergessenen Dichtern der Literatur nach 1900. Das schreibt zuletzt Johannes Pankau in der 2005 erschienenen Studie *Sexualität und Modernität* und verbucht Lautensacks Werk unter zwei griffigen Titeln: *Bayerische Erotomanie* und *Ein vergessenes Wedekind.*[1] Pankau versäumt es dennoch nicht, Hans Carossas Urteil aus *Führung und Geleit* zu zitieren, demzufolge Lautensacks »klarer Ruhm« unbestreitbar sei.[2] Gleichzeitige Vergessenheit und Ruhm gehören aber zu den Besonderheiten regionaler Literaturgeschichte: Aus dem Sichtfeld der deutschsprachigen Literaturgeschichte mag Lautensack verschwunden sein, aus der Sicht einer regionalen Literaturgeschichte zählte er immer schon zu den kanonisierten Autoren.

Ein vergessenes Kind Wedekinds ist Lautensack nicht, vielmehr ein eigenständiger Zeitgenosse, der zwar Wedekind idealisiert, aber zu eigen ist, um Epigone zu werden. Geboren wurde Lautensack am

---

[1] Johannes G. Pankau: *Sexualität und Modernität. Studien zum deutschen Drama des Fin de Siècle.* Würzburg 2005, S. 197.
[2] Ebd.

15. Juli 1881 in Vilshofen als Sohn eines Textilienhändlers. Die Jugend verbrachte er in Passau. Mit dem Berufsziel Geometer ging er 1887 zunächst zur Vorbereitung des Studiums nach München. 1899 schloss er die Industrieschule ab und schrieb sich an der Universität für ein Mathematikstudium ein. Irgendwann in dieser Zeit – schriftliche Zeugnisse sind spärlich, der Nachlass bis auf wenige Ausnahmen, die größtenteils in der Monacensia liegen, während des Zweiten Weltkriegs verbrannt[3] – muss Lautensack am Leben der Boheme Gefallen gefunden haben, denn 1901 gehört er, obwohl nicht Gründungsmitglied, zur Kabarett-Gruppe der *Elf Scharfrichter*, gibt deren *Musenalmanach* heraus und veröffentlicht in Richard Scheids *Avalun. Ein Jahrbuch neuer deutscher lyrischer Wortkunst* erste Gedichte. Die Tätigkeit bei den »Scharfrichtern« charakterisiert er im *Musenalmanach* so: »[...] in Anwesenheit des Direktors, Schriftsteller und Dichter. – In Vertretung: Direktor, Kassier, Conférencier, zweiter Sekretär, Regisseur, Inspizient, Schauspieler, Friseur, Theatermeister, Vorhangzieher und Laufbursche.«[4] Nach dem Ende der »Scharfrichter« nutzt er die gewonnenen Erfahrungen und tritt deutschlandweit in Kabaretts auf.

In den frühen Gedichten und den Texten für das Kabarett zeichnen sich bereits die Themen ab, die das Werk bestimmen werden: Tod, Traum, Sexualität, Religion; exemplarisch schon im bekanntesten Lied für die *Elf Scharfrichter, Der Tod singt*. In der Regieanweisung dazu heißt es: »Von dem unsichtbaren Nachtwächter *Tod* auf der verdunkelten Bühne dumpf zu singen«:

»Löscht aus –
Zuviel des Lichts und Weins –
Und träumt von Sinn und Ziel des Seins!
Und einer träumt sich kalt und bleich
und ist am Morgen im Himmelsreich ...
Löscht aus.
Löscht aus –
Und faltet die armen Händ
und betet – just wie ihr beten könnt!

---

[3] In der Monacensia liegen: ein Gedichtmanuskript (*Beichte*) ein Druckmanuskript: *Zwischen Himmel und Erde. Ein kinematographisches Schauspiel* in drei Akten sowie Briefe an Frank Wedekind und Korfiz Holm.

[4] Heinrich Lautensack (Hrsg.): *Die Elf Scharfrichter – Musenalmanach*. München 1902, o. S.

[...]
Löscht aus –
Und ich muß wachen und gehen –
muß sterben und gebären sehn!
[...]«⁵

Es ist ungewöhnlich, wenn ein Zwanzigjähriger in die Rolle des Todes schlüpft. Noch ungewöhnlicher ist, dass er dabei nicht mit Versatzstücken der modernen Literatur arbeitet – denn Dekadenz und Satanismus hätten ihm auch die Möglichkeit einer morbiden Ausgestaltung des Rollengedichts geboten – sondern im modernen Duktus religiöse Themen interpretiert. In »Totentanz« wird dieser Ansatz noch deutlicher: »Das ist ein alter Bau. In einem Fenster lehnt/der Tod. Der Tod, der sich nach Leben sehnt;/nach Menschen, die wie Kinder sind;/nach Kindern, die in längst verlassenen Zimmern/voll Ahnwerk und toten Schimmern/sich fürchten ... sterben ...[...]«.⁶ Hier schreibt ein Zwanzigjähriger, der ins Leben aufbrechen will und schon mit den Bildern des Todes gemartert erscheint. Man liest die Wurzeln der religiösen Erziehung und erschreckt über den inneren Konflikt, der in den Gedichten ausgetragen wird. Die Kinderseele des lyrischen Ichs sucht sich ins Leben zu retten, gegen das internalisierte Bild des Todes als eigentliche Erlösung. Von hier aus ist es nicht mehr weit zu den literarischen Versuchen Lautensacks, der Religion seiner Herkunft die Sinnlichkeit abzutrotzen, das Werden vor dem Vergehen zu bewahren.

Seine bekanntesten Theaterstücke *Hahnenkampf* (1908), *Pfarrhauskomödie* (1911) oder *Das Gelübde* (1916) behandeln den Widerstreit von Sexualität und Religion. Vielen gelten Lautensacks Texte deshalb als derb-sinnliche Variante des Expressionismus und seiner Vorreiter. Diese Einschätzung ist nicht falsch, aber sie enthält nur die schnell zugängliche Seite der Texte. Das Spannungsverhältnis von Religion und Sexualität prägt sein Werk, getragen wird es aber von der grundsätzlicheren Spannung von Tod und Traum oder Vision. Trotz der Modernität dieses Themas – man denke nur an Kafkas traumhaftes Schreiben – finden sich bei Lautensack kaum Verweise auf die Stichwortgeber der Zeit. Die Autoren des Expressionismus nehmen

---
5   Heinrich Lautensack: *Das verstörte Fest. Gesammelte Werke*, hrsg. v. Wilhelm Kukas Kristl. München 1966, S. 19.
6   Lautensack: *Das verstörte Fest. Gesammelte Werke*, S. 28.

Impulse aus Nietzsches radikaler Kulturkritik, aus Sigmund Freuds *Traumdeutung* (1900) oder aus Gustav Landauers *Aufruf zum Sozialismus* (1911) auf. Landauer z. B. vertritt einen libertär-utopischen Anarchismus, mit dem er einen starken Einfluss auf die historische Avantgarde ausübte. Er entwirft das Bild des »Neuen Menschen« in einer noch zu schaffenden Gesellschaft, indem er unablässig den »lebensdurchglühten und sich seiner Individualität bewussten Einzelnen« einfordert. Lautensack gibt diesen Themen jeweils ein eigenes Gepräge, ohne dass sich von einer Rezeption Freuds, Nietzsches oder Landauers sprechen lässt. Die Texte sperren sich gegen die Ansichten einer *talking cure* bei Freud oder den Messianismus eines Gustav Landauer. Das hängt wiederum mit seiner Herkunft zusammen, die er paradoxerweise verstärkt in Berlin erkundet, in das er 1907 gerät – einem Bohemien nicht unähnlich eher zufällig. Dort lernt er den Verleger Alfred Richard Meyer kennen, der 1910 den Gedichtband *Dokumente der Liebesraserei* in einer limitierten Auflage von 500 Exemplaren druckt. Die Gedichte festigen Lautensacks Bild des Dichters der Sexualität, da sie eine Befreiung des Eros aus der Sinnlichkeit der Religion einfordern.[7] Lautensack verfasst daneben Theaterstücke, die nicht zur Aufführung gelangen oder von der Zensur verboten werden und schreibt einen Aufruf zum »Heimlichen Theater«, der 1912 in Franz Pfemferts *Aktion* erscheint und ihm einen Streit mit dem Herausgeber einbringt, der zugleich das Ende einer durchaus kontinuierlichen Zusammenarbeit bedeutet.[8]

Mit Meyer und Anselm Ruest gibt Lautensack 1912/13 die Zweimonatsschrift *Die Buecherei Maiandros* heraus. In der Dezemberausgabe von 1912 erscheinen *Die ekstatischen Wallfahrten*, von zweien der Herausgeber selbst verfasst. Lautensacks Beitrag entwickelt das ekstatische Schauen in eigener Prägung: Die *Via Crucis. Der Text zu einer Kantate*, so der Titel, ist als »eine neue kräftige Vorbereitung und Ausrüstung zu der Heiligen Wallfahrt, das ist: zu der andächtigen Besuchung des schmerzhaften Kreuzwegs« gedacht,[9] als kritische Auseinandersetzung mit dem katholischen Glauben und dessen Vertretern und zugleich als poetologisches Manifest eines eigenen literarischen

---

[7] Vgl. Petra Ernst: *Via crucis. Heinrich Lautensacks Leben und Werk*, Passau 1993, S. 111.
[8] Siehe Friedrich Brunner: *Heinrich Lautensack. Eine Einführung in Leben und Werk*, Passau 1983, S. 56f.
[9] *Die Bücherei Maiandros. Das zweite Buch*. 1. Dezember 1912, o. S.

Weges, der aus der Herkunft heraus nach neuen Wegen der Entfaltung der Sinnlichkeit sucht.

In Berlin entstehen auch die Texte zu Lautensacks heute bekanntestem Buch, *Altbayerische Bilderbogen*, das erst ein Jahr nach dem Tod des Autors von seinem Verleger herausgegeben wird. Der Band skizziert die Menschen der Passauer Heimat, das Brauchtum und die Mentalität. In der Haltung eines Heimkehrenden beschreibt Lautensack Land, Leute und Landschaft aus dem Akt des Erinnerns heraus. In einer exemplarischen Erzählung *Seilertod oder: Die Fahrt zu einem Sterbenden* gehen Erzählen und Erinnern sogar strukturell ineinander über, die Erinnerungsbewegung bindet Gegenstand und Erzählen aneinander. »Ich finde«, schreibt der Erzähler am Schluss über das Sterben des Seilers »dass man wohl daran getan hatte, die Bilder [seiner Arbeit, Anm. Verf.] bei seinem Sterben nicht herauszunehmen. Sie zeigten ihm die Etappen seines Kampfes – und ob's auch nur Scheinsiege gewesen sein mögen: ihm waren's Siege schlechthin.«[10]

Scheinsiege über das Leben schlechthin kann vor allem die Erinnerung erringen. Indem der Erzähler an die Tätigkeit des Seilers erinnert, wird die Landschaft der Kindheit zur Sprachlandschaft und die Donau zum Lebensfluss, der fast schon im religiösen Sinn Bild der Lebensbewältigung ist.

Mit solchen Miniaturen, die die Leistungen der Literatur eines Heinrich Lautensack anzeigen, hat der Autor nicht viele Seiler- und andere Meister erreicht, gleichwohl ihren tieferen Sinn ausgelotet, sie besser verstanden, als sie sich selbst. So entstehen die »Prosadichtungen« aus mehrfachen Brüchen heraus, die erst verständlich machen, warum sich Lautensack in der expressionistischen Phase der Heimat zuwendet. Er bespricht die Risse zwischen sich und den Menschen der ländlichen und kleinstädtischen Heimat, er zeigt den Riss, den die Menschen zwischen ihm und sich eröffnen, und er zeigt die Fähigkeiten der Dichtung, die vielen kleinen Tode, die aus den Rissen entstehen, in der Erinnerung zu bewältigen: »und als ich noch so ein richtiger Dreikäsehoch war – das eine, das weiß ich doch gewiß, dass da der Fluß *und* ich, ja – dass wir *beide zusammen* da gar große Augen machten, von welcher riesigen Länge so ein Seil wurde [...]«.[11] Paradox sind die Einsamkeit

---

[10] Heinrich Lautensack: *Altbayerische Bilderbogen. Prosadichtungen*, hrsg. v. Robert Baierl, m. e. Nachw. v. Petra Ernst, Pasau 1994.
[11] Ebd., S. 61.

des Kindes und die Kraft seiner Imagination aufeinander verwiesen. Bis in die Syntax hinein wird aber an der Landschaft festgehalten.

Von den literarischen Arbeiten und der Tätigkeit als Übersetzer kann Lautensack den Lebensunterhalt nicht bestreiten. Einen finanziellen und künstlerischen Ausweg bietet ihm hier die Mitarbeit beim Film. Er ist zunächst bei der *Continental Kunstfilm-Gesellschaft* beschäftigt – als Dramaturg und Reklame-Chef –, dann bei der *Deutschen Bioskop*. Sein Einsatz für die noch junge Kunst ist nachdrücklich, wie noch der Beitrag in Kurt Pinthus' *Kinobuch* von 1913/14 zeigt, das eine Besinnung des Films auf seine eigentlichen Kunstmittel einforderte (das war damals noch der Stummfilm). Was Lautensack mit den Dramen verwehrt bleibt – sie ans Licht der Bühnenöffentlichkeit bringen zu dürfen – realisiert sich zuletzt im Kino. Friedrich Brunner zufolge arbeitet Lautensack an sieben Verfilmungen mit – sein Beitrag für das Kinobuch *Zwischen Himmel und Erde* wird realisiert.[12] Zu den bekanntesten Filmen zählen *Entsagungen* und *Mutter und Kind* – beide Filme sind heute vergessen. Im literarischen Gedächtnis ist noch ein Filmprojekt des bereits psychisch erkrankten Lautensack geblieben: Er wollte die Beerdigung Frank Wedekinds 1919 kinematografisch festhalten und sorgte mit seinem Auftritt für erhebliche Irritationen.[13] Am 10. Januar 1919 stirbt Heinrich Lautensack in der Heilanstalt Eberswalde geistig umnachtet, Franz Blei zufolge an den Folgen der Syphilis.

---

[12] Brunner, S. 66.
[13] Vgl. Lautensack: *Das verstörte Fest. Gesammelte Werke*, S. 513ff.

Michael Stephan
Mit Nagelschuhen durch die Münchner Bohème
Georg Queri zum 90. Todestag

Georg Queri kam im Januar 1900 im Alter von 22 Jahren und mit der Hoffnung auf eine literarische Karriere aus dem dörflichen Starnberg nach München. Seine erste Adresse (der noch viele folgten) war die Hohenzollernstraße 73 in Schwabing.[1] Seinen Lebensunterhalt verdiente er sich zunächst als Privatsekretär in einer Rechtsanwaltskanzlei, ab 1902 arbeitete er als Lokal- und Gerichtsreporter bei den *Münchner Neuesten Nachrichten*. Bereits 1901 veröffentlichte er – allerdings erfolglos – sein erstes Theaterstück *D' Hochzeiterin. Ein oberbayerisches Stück in drei Ereignissen*.

Queri tauchte genussvoll ein in das damalige Bohèmeleben der Stadt. Als Schriftführer der *Camaraderie – Gesellschaft zur Pflege freier Kunst* residierte er im Künstlerhausrestaurant und organisierte dort Leseabende. Mehr Zeit als in seinen ständig wechselnden Wohnungen verbrachte er in Wirtshäusern und Weinlokalen. Im Gästebuch der legendären »Torggelstube«, das sich in der Monacensia, dem Literaturarchiv der Stadt München, erhalten hat, finden sich in der Zeit vom Oktober 1902 bis zum Juni 1904 allein zehn

---

[1] Stadtarchiv München, Meldebogen (PMB G 598).

Einträge von Georg Queri.[2] Unter diesen Trinksprüchen und Gelegenheitsgedichten finden sich auch einige ausgefeilte und wohlkomponierte Mundartgedichte. Eines von ihnen – »Da Föhnwind is kumma« – fand später mit leicht verändertem Titel Eingang in die *Weltlichen Gesänge*.

Schon diese frühen Arbeiten zeigen, dass Queri seine bäuerliche Herkunft nicht verleugnete, ja er scheint damit sogar kokettiert zu haben. Mit Nagelschuhen und Stock (an dem er wegen eines tragischen Unfalls im Alter von 13 Jahren zeitlebens gehen musste) durch Münchner Salons – das machte Eindruck!

Der Historiker Karl Alexander von Müller erinnerte sich viele Jahre später an eine solche Begegnung im Winter 1906/07:

> »Wie viele Gestalten drängen sich noch aus diesen Monaten zu! [...]; in einem viereckigen Häuslein in Schwabing, bei einer der vier geschiedenen Frauen Eugen d'Alberts, liest Georg Queri, hinkend und derb, unsagbare bayerische Verse.«[3]

Auch in Kathi Kobus' Künstlerkneipe »Simplicissimus« in der Türkenstraße 57 hatte Queri seine Auftritte. Erich Mühsam schildert in seinen *Unpolitischen Erinnerungen* ein solches Ereignis:

> »Eines Tages verkündete Kathi ihren erstaunten Gästen, dass sie sich mit Ludwig Scharf [einem ihrer Stammgäste, einem Pfälzer Lyriker] verlobt habe. Das Ereignis wurde gründlich gefeiert. Die glückliche Braut traktierte uns mit ungeheuren Mengen Pfirsichbowle. Nach der Polizeistunde wurde die Gaststätte in die geräumige Küche verlegt, und Georg Queri, der kraftbayerische Dialektdichter, hielt eine Festrede, die sich weniger durch sinnige Lyrismen als durch urwüchsige Derbheit auszeichnete.«[4]

Etwa um diese Zeit, im Jahre 1909, veröffentlichte Georg Queri erstmals 28 seiner Mundartgedichte bei der Verlagsgesellschaft München GmbH unter dem Titel *Die weltlichen Gesänge des Egidius Pfanzelter von Polykarpszell* (Im Innentitel hieß es: *des Pfanzelter Gidi*). Die fünf Einleitungskapitel »Aus dem Leben des Egidius Pfanzelter« sind in dieser Ausgabe von Georg Queri unterschrieben und datiert auf »Oberammergau, an Sylvester 1908«. Weiter ließ Queri folgenden Vermerk in das Buch drucken: »Das Recht des öffentlichen Vortrags dieser Gedichte behält sich der Autor vor.«

---

[2] Monacensia, Album 21.
[3] Karl Alexander von Müller: *Aus Gärten der Vergangenheit*, Stuttgart 1951, S. 435f.
[4] Erich Mühsam: *Unpolitische Erinnerungen*, Hamburg 2000, S. 113.

Den Buchumschlag dieser ersten Ausgabe, eine barfüßige Bäuerin neben einem Schwein auf einem Misthaufen, zeichnete der Karikaturist Karl Arnold (1883–1953), der seit 1907 für die Zeitschrift *Simplicissimus* arbeitete. Er hatte bereits 1905 den Umschlag von Queris Komödie *Lasset uns lieben* gestaltet. Auch zu Queris Erzählband *Die Schnurren des Rochus Mang, Baders, Messners und Leichenbeschauers zu Fröttmannsau* (1910) steuerte Arnold den Titel und Zeichnungen bei. Von Arnold stammt auch die sehr schöne Porträtzeichnung Queris in dem 1911 erschienenen Buch *Der Wöchentliche Beobachter von Polykarpszell. Geschichten aus einer kleinen Redaktion.*

Diese erste Ausgabe hatte eine Auflage von immerhin 3000 Exemplaren, denn die zweite Auflage, die dann im Verlag R. Piper & Co. im Juli 1911 (im Buch 1912)[5] erschien, trägt den Zusatz »viertes bis vierzehntes Tausend«. Der Verleger Reinhard Piper, der 1904 seinen eigenen Verlag in München gegründet hatte, sollte mit Queris *Weltlichen Gesängen* »die bayerische Ecke« in seinem anspruchsvollen Programm eröffnen.[6]

In seinen Erinnerungen erwähnt der Verleger allerdings diese erste Ausgabe mit keinem Wort, schildert aber sehr eindringlich seine erste Begegnung mit Queri:

»Eines Tages, im Jahr 1909, kam ein Autor in unseren Verlag, der sich von allen anderen Autoren sehr unterschied: Georg Queri aus Starnberg, ein kleiner untersetzter Mann in grünem Lodenmantel, den moosgrünen Samthut um den kugelrunden Schädel, rötlichblonde Stoppelhaare, ein ebensolcher Schnurrbart, vor den pfiffig blickenden Augen einen scharfen Zwicker ohne Einfassung. Wegen seines Hüftleidens hinkte er an einem derben Krückstock. Er zog ein Manuskript aus der Tasche. Es waren die ›Weltlichen Gesänge des Egidius Pfanzelter von Polykarpszell‹. Sie ließen nichts an derbem Humor zu wünschen übrig. Sollte sich vielleicht der Erfolg von Arno Holzens ›Dafnis‹, mit dem ich meinen Verlag 1904 begonnen und von dem ich 30 000 Stück verkauft hatte, wiederholen? Jedenfalls, ich riskierte von diesen weltlichen Gesängen eine Auflage von 10 000 Exemplaren, das Stück zu einer Mark.«[7]

---

[5] *75 Jahre Piper. Bibliographie. Verlagsgeschichte 1904–1979*, München 1979, S. 416.

[6] Edda Ziegler: *100 Jahre Piper. Geschichte eines Verlags*, München 2004, S. 39–45.

[7] Reinhard Piper: *Bücherwelt. Erinnerungen eines Verlegers.* Ausgewählt und eingeleitet von Klaus Piper, München 1975, S. 196.

Als Illustrator des farbigen Umschlags und der holzschnittartigen Vignetten dieser Ausgabe wurde Paul Neu (1881–1941) gewonnen. Queri und Neu kannten sich bereits durch einen gemeinsamen Auftrag für eine Reklamemarken-Serie der Enzianbrennerei Eberhardt in München.[8] Mit den *Weltlichen Gesängen*, die Neu mit seinen miniaturhaften Zeichnungen treffsicher ergänzte, begann nun eine fruchtbare Zusammenarbeit, die bis zu Queris frühem Tod andauerte. Von den gemeinsamen Arbeiten sind hier vor allem zwei bibliophile Ausgaben im Verlag R. Piper & Co. zu nennen, bei denen sich einmal mehr Queris Talent als Mundartdichter zeigte: zum einen *Der schöne Soldatengesang vom dapfern Kolumbus* (1911), eine lustige Bildergeschichte mit Vierzeilern über die Entdeckung Amerikas durch den zum königlich-bayerischen Infanterie-Leibregiment gehörenden Kolumbus; zum andern der volkskundliche *Bayrische Kalender auf das Jahr 1913*, der neben vielen Bildern von Neu sieben neue Gedichte Queris und »Zehn lustige Schnaderhüpferl zum fröhlichen Beschluß« enthält.

Aber nicht nur in der Gestaltung durch Paul Neu unterschied sich die bei Piper erschienene Ausgabe der *Weltlichen Gesänge* von der ersten Ausgabe von 1909. Statt 28 enthielt die neue Ausgabe 40 Gedichte, der Umfang hatte sich von 52 auf 104 Seiten verdoppelt. Zusätzlich hinzugekommen war auch der Prolog »Im Auftrag des Kaiser Karls vom Untersberg«, Queris eigene literarische Version vom Haberfeldtreiben, mit dem er sich in dieser Zeit auch volkskundlich auseinander gesetzt hat (*Bauernerotik und Bauernfehme in Obernbayern*, 1911 bei Piper erschienen[9]). Ebenfalls in der ersten Ausgabe nicht vorhanden waren die Erklärungen mundartlicher Wörter am Ende des Buches (»Wegweiser durch den Sprachschatz des Egidius Pfanzelter«), die eher den Charakter eines Glossars haben als Queris 1912 erschienene sprach- und volkskundliche Publikation *Kraftbayrisch. Wörterbuch der erotischen und skatologischen Redensarten der Altbayern.*[10]

---

[8] Alex W. Hinrichsen: *Paul Neu, Künstler, Gestalter, Illustrator,* Holzminden 2005, S. 23; zu Queri s. a. S. 13 f.
[9] Neuausgabe im Allitera Verlag, München 2004, mit einem Nachwort von Michael Stephan.
[10] Neuausgabe im Allitera Verlag, München 2003, mit einem Nachwort von Michael Stephan.

Inhaltlich und formal hat Queri bei seinen *Weltlichen Gesängen* davon profitiert, dass er mit seiner volkskundlichen Sammlung von über 20000 Vierzeilern (mit Schwerpunkt auf erotischen Schnaderhüpferln) zu den besten Kennern des oberbayerischen Volksliedes gehörte. Mit deftiger Komik erteilte er jeglicher Verklärung und Idealisierung des bäuerlichen Lebens eine deutliche Absage. In den *Weltlichen Gesängen* spiegelte sich Queris Lebensgefühl wider, das der alten bayerischen Maxime entsprach: Berge von unten, Kirchen von außen und Wirtshäuser von innen. Dieser Dreiklang war stets ergänzt um eine sexuelle Komponente. Queris kleines Gedicht »Drobn, druntn, und draußn und drin« brachte alles treffend auf einen Nenner:

Auf'n Berg, und da mag ih net steign
giebt nix schöners wia's heruntnbleiben

Und in d'Kircha, ja, da geh ih net nei –
wann ih drinnat bin, möcht ih draußn sei!

Aber vom Wirtshaus, ja, da tuats mir's Inner taugn;
aber's Madl, dees muaß ih von unt ohschaugn!

Wie sehr Egidius Pfanzelter zum Alter ego Georg Queris geworden ist, zeigt das Gästebuch des Bratwurst Glöckls in München (heute noch dort in Privatbesitz). Es wurde zum zwanzigjährigen Bestehen im November 1913 von den Stammgästen, darunter Georg Queri und Karl Arnold, angelegt und auf der ersten Seite unterschrieben. Auf den folgenden acht Seiten steht der von Egidius Pfanzelter verfasste »Bericht über das große Haberfeldtreib'n am 19. Novem[ber] 1913 (der Wirt hats Jubiläum ghoaßn)«.

Die Hoffnung des Verlegers Reinhard Piper auf eine Wiederholung des *Dafnis*-Erfolgs mit den *Weltlichen Gesängen* erwies sich als Irrtum. In seinen Erinnerungen schreibt er ernüchtert:

> »Die Verbreitung des Bandes war durch den Dialekt sehr begrenzt, aber selbst in München wurde das Buch nicht viel gekauft. Die kleinen bayerischen Orte ohne Buchhandlungen, aus deren Atmosphäre heraus diese Gesänge gedichtet waren, schieden ohnehin aus. Auch rochen sie für empfindliche Nasen zu kräftig. Der Misthaufen und die weiblichen Waden spielten darin eine zu große Rolle. Wer aus dem Buch vorlas, riskierte, mitten darin errötend abbrechen zu müssen. Den literarisch ›Gebildeten‹ war das Buch

zu unliterarisch. Und die unliterarischen Leute aus dem Volke kauften keine Bücher. Immerhin: 10 000 Leute hätten sich schon finden sollen, die für diese Gaudi – die sich noch dazu, da sie ja ein Buch war, jederzeit wiederholen ließ – ein Markl springen ließen.«[11]

Das große Publikum hatte Queri zu seinen Lebzeiten im Stich gelassen. Kenner wussten ihn jedoch immer zu schätzen. So bat Artur Kutscher, der bekannte Theaterwissenschaftler an der Universität München, den Schriftsteller zwecks »Förderung eines Jungbayern« Anfang 1913 zu einem Dialektabend in den »Neuen Verein«, bei dem Queri seine eigenen literarischen Produktionen vorstellen konnte.[12]

Letztendlich blieb Queri im Schatten anderer bayerischer Autoren.[13] Da halfen auch solche Werbesprüche wenig: »Wer eine Ahnung bekommen will vom wirklichen bayerischen Bauern, so wie ihn Ludwig Thoma gesehen hat, der soll seine Roman-Bauern-Romane zu Hause lassen und dafür die kleinen Bücher von Queri mit den teilweise köstlichen Zeichnungen von Paul Neu mitnehmen. Wem da kein Licht aufgeht, dem ist nicht zu helfen. (*Der Bücherwurm*, Dachau)«.[14]

Ende der sechziger Jahre – im Zuge der einsetzenden Bavarica-Welle – versuchte der Piper-Verlag mit Neueditionen und Faksimiles eine Wiederbelebung der Werke Queris. Den Anfang machte 1968 der von Hans Praehofer ausgewählte Sammelband mit dem Titel *Weltliche Gesänge des Egidius Pfanzelter. Bayrische Geschichten, Grobheiten und Lieder*. Er enthielt neben der kompletten Ausgabe der *Weltlichen Gesänge* nach der Ausgabe von 1912 Teile des *Bayrischen Kalenders auf das Jahr 1913*, die Gedichte Queris daraus (unter der Überschrift *Bayrische Lieder*) sowie *Von kleinen Leuten und hohen Obrigkeiten* (erstmals 1914 erschienene Erzählungen).

Queris Mundartverse wurden nun immerhin einer differenzierteren Bewertung unterzogen. Wilfried Feldhütter (1905–2000) stellte sie in

---

[11] Wie Anm. 7.
[12] Deutsches Literaturarchiv, Marbach am Neckar: Briefe von Georg Queri an Artur Kutscher vom 19. Februar, 26. Oktober und 7. November 1913.
[13] Michael Stephan: *Georg Queri (1879–1919). Ein Schriftsteller im Schatten von Ludwig Thoma*. In: *Amperland* 40 (2004), S. 420–423.
[14] Aus einer Annonce des L. Staackmann Verlag Leipzig im Anhang zu dem im selben Verlag 1920 posthum erschienen Roman *Der Kapuziner* von Georg Queri.

einer kleinen Betrachtung über *Mundart und Dichtung* sogar über die von Ludwig Thoma. Weiter heißt es dort:

> »Wenn Georg Queris weltliche Gesänge des Pfanzelter Gidi von Polykarpszell kaum ihrem Wert entsprechend gewürdigt worden sind, dann ist der Grund dafür bei Queris Prosastücken zu suchen, von denen viele eine flüchtige Schreibweise verraten. Einige Gesänge des Egidius Pfanzelter aber sind aus dem Geist und den Formelementen des oberbayerischen Volkslieds hervorgegangen und in ihrer Art unerreicht. Queri ist dem bajuwarischen Gesang nicht nur bis zur Tuchfühlung nahegekommen. In den besten seiner Gedichte griff er unterentwickelte Möglichkeiten auf und erweiterte ihr klangliches und rhythmisches Wirkungsfeld auf bewundernswerte Weise.«[15]

Die musikalischen Möglichkeiten von Queris Liedern entdeckte als erster der Volksmusikkomponist Ludwig Prell, der 17 Lieder Queris (davon zwölf aus den *Weltlichen Gesängen*) für seine Tochter Bally Prell (1922–1982) vertont hat. 1963 wurden acht Lieder mit Instrumentalbegleitung von Josef Amann und Ludwig Prell im Studio des Bayerischen Rundfunks aufgezeichnet. »Mit diesen Aufnahmen sind wahre Perlen schluchzender Volkssänger-Komik erhalten geblieben«, schrieb Cornelie Müller, die 2002 Bally Prells unveröffentlichte Aufnahmen herausbrachte, im dazugehörigen Booklet.[16] In dem Programm »Hommage an Bally Prell« der Kabarettistin Gabi Lodermeier leben auch heute noch diese Queri-Interpretationen weiter.

Als ebenfalls im Jahr 2002 Hans, Christoph und Michael Well von der »Biermösl Blosn« mit ihrer CD *Räuber & Gendarm. Bayerische Räuber- und Wildschützenlieder* auf volkskundlichen Spuren wandelten, durfte auch das *Wildererlied* aus Queris *Weltlichen Gesängen* nicht fehlen.

Einen ähnlichen Ansatz wie ihre Brüder verfolgten ein Jahr später Moni, Vroni und Burgi Well von den Wellküren mit ihrer CD *Das Mensch*, auf der sie bayerische Volksmusik-Traditionals mit anzüglich

---

[15] Wilfried Feldhütter: *Mundart und Dichtung. Möglichkeiten und Grenzen.* In: *Schönere Heimat* 65 (1976), S. 293. Als Beispiel zitiert er *Wie mich die Agathl gern hätt heiratn mögn*.

[16] Bally Prell-Aufnahmen 1955–1973, Trikont, München 2002; darunter folgende Queri-Lieder: *Agathl, Der Bussweg, Die Schneider, Der Föhnwind, Der Wilderer, Auf der Strassn, Der heilige Sankt Leonhard* und *Wo unser Herrgott sein Arm aussastreckt*. Die Notenblätter Ludwig Prells sind im Nachlass von Bally Prell in der Monacensia überliefert.

in Landwirtschaftsmetaphorik verpackte Frauensexualität gesammelt haben, darunter auch ein Text von Georg Queri: *Vorm Annamirl seim Fenster*.[17]

Es bleibt abschließend auf das positive Urteil von Hans Pörnbacher, einem ausgewiesenen Kenner der bayerischen Literaturgeschichte, über die *Weltlichen Gesänge* hinzuweisen. Auch wenn Pörnbacher der antiklerikalen Einstellung und dem allzu freizügigen Lebensgefühl Queris wenig abgewinnen kann, kommt er doch zu der für ihn überraschenden Wertung:

> »Seine Lieder und Gedichte hören sich an, als wäre wirklich ein Bursch vom Land am Werk, so ungekünstelt und einfach wirken sie, obwohl sie in Wirklichkeit überaus kunstvoll sind, aber die Raffinesse der Gestaltung und des Ausdrucks sieht man ihnen nicht mehr an; die Wortwahl scheint ganz simpel und beiläufig und doch sitzt jedes Wort, ist schlicht und treffsicher zugleich. Mundartverse, die so tun, als wüssten sie nichts von ›Dichtung‹, das hat es in dieser Form bisher kaum gegeben, da ist Queri Kunst gelungen.«[18]

---

[17] Beide CDs bei Mood Record erschienen.
[18] Hans Pörnbacher: *Georg Queri – Volkskundler und Mundartdichter, Journalist und Büchermacher*. In: Michael Stephan (Hrsg.): *Georg Queri 1879–1919. Journalist, Schriftsteller und Volkskundler aus Oberbayern. Ein Lesebuch*, München 2002, S. 15–38, hier S. 17.

Detlef Seydel
Die letzten Tage Albert Langens

Auf dem Melatenfriedhof in Köln gibt es keinen offensichtlichen Hinweis mehr auf den genauen Ort, an dem Albert Langen beerdigt wurde. In der Liste der prominenten Toten dieses Friedhofs taucht sein Name nicht auf. Als einziger Langen wird Eugen, ein Onkel Albert Langens, erwähnt; ein rühriger Unternehmer und Ingenieur, der sich unter anderem durch die Erfindung der Schwebebahn hervortat. Sein Grab befindet sich im Feld *Hwg 116–118*, der Langenschen Familiengruft, die noch heute existiert. Sie wurde bis zum 3. Januar 2016 erworben.

Aus dem Begräbnisbuch des Melatenfriedhofs mit dem Eintrag über das Begräbnis von Albert Langen am 4. Mai 1909 sehen wir, dass man Albert Langen nicht in die Familiengruft legte, wie in der Literatur zuweilen behauptet wird, sondern ihn abseits davon, im Feld *Hwg 341/2* begrub. 45 Jahre danach wurde das Grab abgeräumt und weitere 30 Jahre später verschwand die Stelle unter dichtem Rasen. Das Grab befindet sich nicht mehr im Besitz der Familie Langen.

Damit haben wir das Areal hinreichend erkundet und können Augenzeugen berichten lassen. Björn Albert Björnson-Langen, der jüngere der beiden Söhne Albert Langens, damals in seinem 11. Lebensjahr, war bei der Beisetzung dabei:[1]

> »Die Beerdigung fand in Köln auf dem Melaten-Friedhof statt. [...] Onkel Björn [Björnson], der ein guter Freund von Albert gewesen war, traf ein. Onkel Martin Langen, Alberts Bruder, wirkte noch gottverlassener, noch trister als sein florumwundener Zylinder. – Die lustigen Herren von der Kaulbachstraße in München waren da, aber fast nicht wiederzuerkennen in all dem fremden, geschlossenen Schwarzen. Am besten erinnere ich mich an den langen eleganten Resznicek [sic], denn er weinte wie ein gepeitschter Hund. [...] Wir Kinder hatten zu Hause von unserer Mutter das strikte Gebot erhalten,

---

[1] Vgl. Björn Albert Björnson-Langen: *Aulestad Tur – Retur*. Hrsg. vom Langenschen Familienverband e. V., Weihnachten 1985. Abschnitt »Alberts Tod« [unpaginiert].

daß, wenn im Trauerzug ›jemand anderes‹ […] versuchen sollte, sich vor uns zu drängen, wir sagen sollten: ›Nein, wir sind die Söhne und gehen zuerst.‹

Seite 43 im Begräbnisbuch des Melatenfriedhofs in Köln² mit dem Eintrag über das Begräbnis von Albert Langen³ am 4. Mai 1909.

Ich sah im ganzen genommen nichts von ›jemand anderem‹; ich wusste von keinem, und Onkel Martin nahm jeden von uns an die Hand, und wir gin-

---

² Den Auszug stellte das Amt für Landschaftspflege und Grünflächen der Stadt Köln freundlicherweise zur Verfügung.
³ Unklar ist, wie es zum Eintrag »Friedrich Albert« kam; dies war der Vorname des Vaters.

gen als erste hinter dem Wagen mit dem Sarg [...]

Ich versuchte, mir Albert in dem Sarg unter all den Blumen vorzustellen, mußte es aber aufgeben.

Ich sehe Resznicek auf eine Stufe steigen, um etwas zu sagen; aber ein Aufweinen kam dazwischen. Er mußte wieder herunter, stolpernd, den Zylinder vor das Gesicht haltend.

Das Wetter lag grau über den pompösen Friedhofsalleen mit den hohen Pappeln und Reihen von schwarzen Säulen zu beiden Seiten. Ich dachte an den blauen, hohen Himmel über dem Versaillespark, an Paris, wo wir zuletzt mit Albert zusammen gewesen waren.«

Laut Begräbnisbuch spielte sich diese Szene am 4. Mai 1909 ab. Albert Langen war am 30. April gestorben, nicht einmal 40 Jahre alt. Auch damals schon ein »kurzes Leben«. Dass es »aber ein reiches Leben« war, behaupten die »lustigen Herren von der Kaulbachstraße« in ihrem Nachruf im *Simplicissimus*[4].

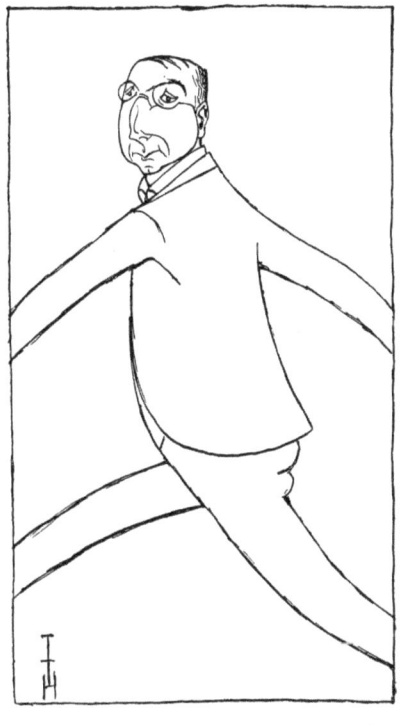

Karikatur von Thomas Theodor Heines in Albert Langens Verlagskatalog 1894–1904.

Wenn wir der berühmten Karikatur Th. Th. Heines vertrauen, so dürfte Albert Langen nur selten das Leben untätig an sich vorüberziehen gelassen haben. Er ist ihm wohl eher begeistert entgegen gesprungen. Möglicherweise eine hinreichende Bedingung für ein reiches Leben; aber – in diesem Fall – auch für einen frühen Tod.

Das klingt in den Erinnerungen Korfiz Holms an Albert Langen an, die im Literaturarchiv der Monacensia aufbewahrt werden.[5]:

---

[4] Vgl. S.102 in *Simplicissimus*, 14. Jahrgang, Nr. 7 vom 17. Mai 1909.

[5] Diese Erinnerungen gingen (minimal verändert) in den Abschnitt »Junger Verleger, der nicht alt geworden ist« in das Buch *Farbiger Abglanz* ein. Das Zitat hier ist buchstabengetreu der Handschrift (Seite 8) entnommen.

»Ich sehe es noch deutlich vor mir, wie er eines schönen Tages völlig unerwartet mit seinem charakteristisch schnellen Schritt zu uns ins Zimmer trat, mir und meinem Freunde Geheeb die Hand gab und so tat, als ob er überhaupt nicht fortgewesen wäre. Es hatte sich an ihm in den fünf Jahren kaum etwas geändert ausser seinem Bart. Den trug er nun nach französischem Geschmack viereckig zugestutzt – übrigens auch nicht lange mehr. Denn bald darauf erschien der Augenblick, da alle Welt den bis dahin als schönste Manneszierde angesehenen Vollbart verächtlich ›Fussack im Gesicht‹ zu nennen sich verpflichtet fühlte. Von da an hat man Langen nur noch glatt rasiert gesehen. Denn er war – das zeigte seine sehr gepflegte Erscheinung jedem, der den Blick dafür besass – dem Modischen hingebend zugetan. Darum gehörte er auch zu den ersten, die in München Automobilbesitzer wurden. Er fröhnte dem Kraftwagensport mit der Lebhaftigkeit, mit der er sich überhaupt auf neue Dinge stürzte, und das wurde späterhin auch in gewissem Masse die Ursache seines frühen Todes.«

Das todbringende Ereignis lässt sich auf den Tag festlegen, und auch davon gibt es Augenzeugenberichte. Am 1. April 1909 versucht Graf Zeppelin mit seinem Luftschiff »Z1« eine Landung in München, wird aber von stürmischem Wetter weit darüber hinaus getragen, schließlich bis nach Landshut. Gemeinsam mit Olaf Gulbransson und dessen zweiter Frau Grete, eilt Albert Langen dem Luftschiff in seinem offenen Züst nach. Das notiert Grete, die schon von ihrem 15. Lebensjahr an und parallel

»Zeppelin 1« über München am 1. April 1909, Vormittag, 9 Uhr.[6]

---
[6] Im Besitz des Autors.

zu ihrem sonstigen dichterischen Schaffen Tagebücher führte (im Laufe ihres nicht allzu langen Daseins 222 Bände mit nicht weniger als 90.000 handgeschriebenen Seiten)[7]. Am 1. April lesen wir im Tagebuch:[8]

»Aber heut' kommt der Zeppelin und da gibt's kein Halten! [...] Alles strömt zur Theresienwiese. Wir sitzen selig in unserem schönen Auto. Fahren dem Zeppelin auf der Pasinger Landstrasse entgegen [...] Das Luftschiff wird vom starken Wind schräg über die Wiese getrieben. Zeppelin winkt zurück! Dann verschwindet es hinter den Dächern! [...] Olaf und der Chauffeur meinen es sei jetzt fertig. So fahren wir also heim! Ein wütender Sturm bläst! [...] Da kommt ein Brief von Albert, dass wir gleich mit ihm zum Zeppelin seiner fernen fernen Landung fahren sollen [...] Er holt uns also ab! [...] Also pack' ich in fliegender Eile Obst und Kuchen ins Automobil. Und dann geht's los. Mit dem furchtbaren Züst vom Albert [...] Wie der leibhaftige Teufel fahren wir [...] Aus München hinaus ins weite offene Land – durch Dörfer und Städte – rastlos – rastlos immer weiter. Ein kohlschwarzes Gewitter steht am Horizont und rasende Wolkenketten wälzen sich in den pfeifenden Lüften. Wir haben furchtbare Angst um Zeppelin! [...] Vorwärts vorwärts! [...] An einer Schenke am Weg sagt man uns dass er weit hinter Landshut glücklich gelandet sei! [...] Und ich bin dann die erste, die ihn sieht! Da liegt er strahlend und unglaublich leise schaukelnd in einem lieblichen Lenzgefield – von milden Hügeln umgeben und rings eine weiche ausgetobte Abendstimmung [...] Wir eilen über die Felder zu ihm – ganz nah – ganz, ganz nah! Er ist unendlich groß! [...] Und in seiner vorderen Gondel – ganz nah mir – ganz ganz nah – ist Zeppelin! [...] Er isst, eine Nudelsuppe! Und eine Batterie Maasskrug steht vor ihm und den anderen Luftschiffern! [...] Ein Bauer stösst seinen Freund an, zeigt auf Zeppelin und sagt: ›Schau, Sepp – jetzt frisst er wieder!‹ Und wir 4 sind selig – dass wir ihn erreicht und gesehen haben! [...] Und fahren voller Dankbarkeit von diesem gesegneten Feld wieder fort [...] Da auf der einsamen Landstrasse geht ein wahnsinniger Schuss los und die hintere Pneumatic ist beim Teufel! Mir zulieb! Wir müssen ganz langsam nach Landshut hinein fahren und von dort mit der Bahn heim. – Am Bahnhof essen wir zunacht und sind trunken vor Begeisterung über Zeppelin. Olaf macht ihm eine Zeichnung und ich ein Gedicht [...] Albert freut sich furchtbar darüber – ganz selbstlos und reizend [...] Der 1. April soll jetzt immer gefeiert werden!«

---

[7] Vgl. S. 16 in *Der grüne Vogel des Äthers, Grete Gulbransson Tagebücher, Band I 1904 bis 1912*. Herausgegeben und kommentiert von Ulrike Lang, Stroemfeld, 1998.
[8] Ebd. S.268 – 271.

»Bei Sonnenschein am Sonntag d. 4. November 1906«, von rechts nach links: Albert Langen, (vermutlich) Josephine Rensch, ein Unbekannter.[9]

Am 16. April wird noch ein Taubenbad gekauft:[10]

»Dann kauf' ich das Taubenbad und mach' dem Albert einen Krankenbesuch, dem armen Teufel, der von einer Mittelohrentzündung fürchterlich heruntergebracht ist. Er sieht elend aus.«

---

[9] Nachlass Ludwig Thoma im Literaturarchiv der Monacensia.
[10] Der Grüne Vogel, S.272.

Zu spät, am 30. April beweint Grete den Tod des Freundes:[11]

»Albert ist todt. Albert ist gestorben. Fort ist er. Albert. Ich kann's nicht fassen. Albert – der schöne, helle, frohe, reiche Albert todt! Heut' Nacht, ganz allein, ohne Josephine.
Und draussen heult ein eisiger Regensturm und die Bäume biegen sich. Armer, armer Albert! Wir weinen, weinen [...] Lieber lieber Albert – Du glade gutten! [norw. für ›Frohnatur‹]. Ach heimlich war's mir ja eine Freude, schier unbewusst mit diesem feinen Spott und blinken Sarkasmus zusammen zu sein! Wie hat man mit ihm reden können! Wie hat er sich für alles interessiert und alles verstanden. Und ist auf alles eingegangen [...] Nie mehr fahren wir zusammen so selig durch das bunte Land, wie am 1. April [...] Und wie hast Du die Josefine geliebt! Sie verliert alles, alles mit Dir! [...] Wir ziehen uns schnell an und gehen zu Josefine. Sie ist selbst wie todt. Aber so unendlich schön! [...] Sie geht wie ein Geist durch die wundervollen Zimmer, den Kopf steif zurückgehalten in Qual – den schönen Nacken den er so geliebt hat [...] Da stehn seine Blumen, liegen seine Bücher und seine Noten. Und seine schönen Miniaturen [...] Olaf geht in den Simpl [...] Ach Albert, Albert! So jung, so lieb und so unentbehrlich. Olaf kommt bald zurück und erzählt von dem unglaublichen Telegramm von Dagny [das sie] an den Simpl geschickt hat: ›Brauche Geld für Trauer und Reise‹ – kein Wort über Albert. – Alle Simplleute sind entsetzt und eine Phallanx erwartet die energische, habsüchtige, siegtrotzige Dagny.«

Aus einer anderen Perspektive beobachtet Korfiz Holm Albert Langens letzte Tage in *Farbiger Abglanz:*[12]

»Langen erzählte uns bei seiner Rückkehr [von der Verfolgung des Zeppelins] mit lebhafter Befriedigung davon. Doch wollte es das Unglück, daß er sich auf dieser Fahrt erkältet hatte und eine anfangs leichte Mittelohrentzündung daraus entstand. Er achtete nicht sehr darauf und träufelte sich warmes Mandelöl ins Ohr, was auch die Schmerzen vorerst linderte. Leider ließ er sich dadurch verführen, zu Ostern [Ostersonntag 1909 war der 12. April] wieder in dem offenen Wagen, einen Ausflug an den Chiemsee zu seinem Freunde Rudolf Sieck zu machen, wobei er sich von neuem stark erkältete. Infolgedessen wurde die Ohrenentzündung bösartig. Der nun gerufene Arzt ordnete Bettruhe an und hat sich eine Operation wahrscheinlich zu lange in der Hoffnung überlegt, über die Krankheit ohne diesen scharfen Eingriff Herr zu werden [...] Als ich an sein Krankenlager trat, erfaßte mich ein heftiger Schreck – so verändert sah er aus [...] Was er mit mir besprach,

---

[11] Ebd. S.273 – 276.
[12] Vgl. S. 184 – 188 in Korfiz Holm: *Farbiger Abglanz*, Nymphenburger Verlagshandlung, München 1947.

ging von der Annahme aus, er würde sich vielleicht zwei Wochen oder drei um den Verlag nicht kümmern können; daß er die Möglichkeit, nun ein für allemal von seinem Werk getrennt zu sein, nur mit dem Schatten eines Gedankens gestreift hätte – dafür gab unser Gespräch nicht den geringsten Anhaltspunkt. Auch ich schob eine dunkle Ahnung [...] unwillig beiseite, verließ ihn aber trotzdem stark bedrückt und von heimlicher Angst erfüllt.

Erneute Hoffnung regte sich in mir, als er zwei Tage später überraschend im Verlag erschien. Er trat mit seinem mir so wohlvertrauten raschen Schritt ins Zimmer und schien mir wieder etwas besser auszusehen. Die ewige Bettliegerei sei ihm zu langweilig, erklärte er, und Krankheit schlage man am besten durch Verachtung in die Flucht. Dann fing er gleich von allerhand Geschäftlichem zu reden an. Doch es verging kaum eine Viertelstunde, da zeigte er schon wieder das erschreckend hinfällige Gesicht, man sah ihm an, dass er heftige Schmerzen litt, mit matter Stimme stieß er hervor, er habe sich doch zu viel zugemutet und fahre lieber heim. Ich brachte ihn an seinen Wagen und habe ihn, in dessen Sitz zurückgesunken, heute noch vor Augen, wie ich ihn zum letzten Male sah, als einen Schatten seiner selbst und schon den Schatten zugehörig [...]

Vom Ohr her war ihm Eiter in den Blutumlauf gekommen und hatte eine heftige Nierenentzündung erzeugt. Ein Wiener Spezialist, der telegraphisch herbeigerufen wurde, zu erwägen, ob hier eine Operation noch würde helfen können, kam zu dem Schluß, dafür sei es zu spät [...] Da hat er, ohne unmännlich zu jammern, sein Haus getreu und ordentlich bestellt [...] Er ließ sich seinen Anwalt kommen und hat fast seinen ganzen letzten Nachmittag damit verbracht, ein Testament zu machen, in dem alles sorgfältig überlegt war, was ihm um seiner unmündigen Söhne und des Verlages willen am Herzen lag [...] er schätzte sein Vermögen gar zu optimistisch ein und setzte in seinen Legaten größere Summen aus, als er in Wirklichkeit besaß.

Seine letztwilligen Bestimmungen wegen des Verlags indessen waren von der sachlich klarsten Einsicht in die Verhältnisse diktiert [...] Seine Ehe mit Björnstjerne Björnsons jüngster Tochter [Dagny] hatte [...] schon einige Jahre vorher zu einer Trennung geführt; die Scheidung war im Gang, vollzogen hat sie erst der Tod.

Um acht Uhr früh am 30. April 1909 erfuhren wir, daß Langen in den Morgenstunden dieses Tages sanft eingeschlafen war [...] Der Anwalt Langens rief mich an und unterrichtete mich von dem Inhalt des Testaments, soweit er den Verlag betraf. Denn Langen hatte ihn beauftragt, dies im Falle seines Todes ungesäumt zu tun: er wollte, daß wir die Arbeit [...] ohne jede Pause weiterführen könnten. Nicht einmal seiner Beisetzung in der Familiengruft zu Köln sollten wir beiwohnen, da in diesen ersten Tagen unsere Anwesenheit im Geschäft bestimmt dringend vonnöten sei [...] Der erste Verlagsvertrag mit einem neuen Autor ist noch am Todestage Langens unterschrieben worden.«

In seinem Testament hatte Albert Langen ein Kuratorium festgelegt, das den Verlag so lange treuhänderisch leiten sollte, bis ihn seine Söhne [Arne wurde am 17. Juni 1897, Björn Albert am 9. Oktober 1898 geboren.] übernehmen können. August Gommel[13] und Otto Friedrich[14] wurden für die buchhändlerische und kaufmännische, Reinhold Geheeb[15] und Korfiz Holm für die literarische Leitung bestimmt[16]. Seine Frau Dagny, mit der er juristisch noch verheiratet war, erhielt den Pflichtteil, seine Lebensgefährtin Josephine Rensch ein Drittel seines Gesamtvermögens.[17]

Ludwig Thoma kondoliert Dagny Langen in einem Brief auf Papier der Simplicissimus – Verlag G.m.b.H. aus der Kaulbachstrasse 91 heraus:[18]

München 7. Mai 1909
Hochverehrte Frau Langen,
Durch eigene Krankheit war ich abgehalten, Ihnen mein herzliches Beileid auszusprechen.
Ich habe den Schlag selbst schwer empfunden und ich bitte Sie zu glauben daß ich Ihren Schmerz teile
Mit hochachtungsvollen Grüßen
Ihr sehr ergebener
Ludwig Thoma

Vermutlich auf diesen Brief antwortet die Witwe:[19]

Verehrter Herr Thoma.
Ich danke Ihnen für Ihre guten worte. Sie thaten mir um so mehr wohl, da sie die einzigen waren aus dem kreise der in meinem herzen immer mein geblieben ist.

---

[13] August Gommel war ab 1903 im Verlag tätig und für die kaufmännische Leitung verantwortlich.
[14] Otto Friedrich war seit 1900 Mitarbeiter im Verlag und für den Vertrieb zuständig.
[15] Reinhold Geheeb war 1901 bis 1925 Hauptredakteur des *Simplicissimus*.
[16] Vgl. Andreas Meyer: *Der Verleger des* Simplicissimus *und seine Nachfolger*. In Buchhandelsgeschichte, Börsenblatt für den Deutschen Buchhandel – Frankfurter Ausgabe – Nr. 76, vom 23. September 1988, B 86.
[17] Vgl. Kommentar 775 in: *Der grüne Vogel des Äthers, Grete Gulbransson Tagebücher*, Band I. 1904 bis 1912. Hrsg. und kommentiert von Ulrike Lang, Stroemfeld, 1998.
[18] Buchstabengetreue Abschrift des Briefes, der als Foto im Literaturarchiv der Monacensia liegt. Original in der Universitätsbibliothek Oslo.
[19] Buchstabengetreue Abschrift des in der Monacensia aufbewahrten Briefes. Abdruck mit freundlicher Genehmigung von Paul Björnson-Langen.

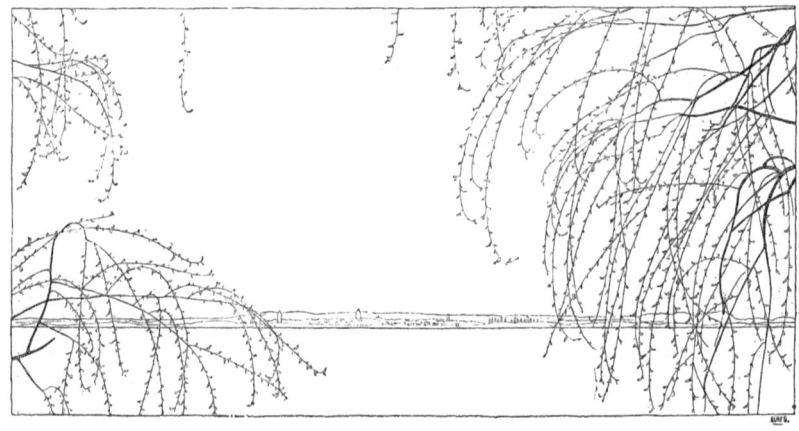

Liebe

Als Meteor in rotem Feuerschein
Fliegt meine Liebe dir vom Himmel zu
Und weint vor Glück im Staub, wenn nur dein Schuh
Sie flüchtig streift, als grauen Kieselstein.

Sehnsucht

Hell spannt die Weite sich aus.
Steigende Wolken entgleiten in endlose Räume,
Dorthin gehören auch wir mit der Sehnsucht der Träume.
Führe mich endlich nach Haus!

Grete Gulbransson

Zwei poetische Erinnerungen von Grete Gulbransson an Albert Langen.[20]

Ich bin selbst seit mehr als zwei monaten krank[21] *und ohne vorbereitung kam die nachricht, mehr brauche ich Ihnen wohl nicht zu sagen. Nachher kein wort der erklärung, nichts.*
Aber ich kann kaum verlangen daß sie mich dort verstehen. Dazu haben sie alle zu lange nur Albert Langen gesehen.
Ich habe aber zwei söhne die schon 12 jahre[22] *alt sind, zwei reizende, kluge kinder.*
Ich möchte nicht daß sie mir eines tages sagen: warum thatest du nichts unserwegen?
So endete diese traurige geschichte. Selbst nach dem tode soll bitterkeit und streit sein.

Björn sagte mir, sie wären sehr krank gewesen. Hoffentlich sind Sie ganz hergestellt. Er sagte mir auch daß »Moral« in Norwegen gespielt wird. Dann sind Sie wircklich bis zum ende der welt gekommen!

---

[20] S.104 in *Simplicissimus*, 14. Jahrgang, Nr. 7 vom 17. Mai 1909.
[21] Vermutlich war Dagny bei der Beerdigung Albert Langens nicht dabei.
[22] Arne, der ältere der beiden Söhne, war zum Zeitpunkt des Todes seines Vaters im 12. Lebensjahr.

In einiger zeit gehe ich nach München. Ich hätte Sie dort gerne gesprochen
Mit den besten grüssen
bin ich Ihre
Dagny Björnson Langen.
									Paris. 10.5.09.

Zusammen mit dem Nachruf der Simpl-Leute werden zwei Erinnerungsgedichte von Grete Gulbransson, mit einer Illustration von Olaf Gulbransson, im *Simplicissimus* abgedruckt.

Im Titel dieser Nummer bleibt die Zeile frei, die bisher Albert Langen als Herausgeber nannte. Genauer wurde Langen ab Nummer 1 des 11. Jahrgangs als Herausgeber angeführt, also wenige Nummern nach Umwandlung des Blattes in eine GmbH, in der neben Langen auch einige der Künstler, allen voran Th. Th. Heine, als Gesellschafter auftraten. Davor lautete die Zeile schlicht »Illustrierte Wochenschrift«.

Gleich ab Nummer 8 des 14. Jahrganges steht an dieser Stelle »Begründet von Albert Langen und Th. Th. Heine«.

Walter Hettche
»Eine ganz colossale Revolution in der Dichterwelt«
Detlev von Liliencron zum 100. Todestag am 22. Juli 2009

Detlev von Liliencron. Originallithographie von Hans Johann Wilhelm Olde, um 1900

G estatten, Herr Oberst, Hauptmann Baron Liliencron«[1] – mit diesen militärisch knappen Worten stellte sich Detlev von Liliencron dem Schriftsteller Heinrich von Reder vor, der den Kollegen aus Norddeutschland am 3. Februar 1890 in München willkommen hieß. Auch als Dichter und noch lange nach seinem Ausscheiden aus dem Militärdienst hat sich Liliencron in erster Linie als Offizier und Adliger verstanden, und in Zeiten des Selbstzweifels und des Lebensüberdrusses hat er sich nach seiner Soldatenzeit zurückgesehnt: »Ich gäbe meine ganze ›Dichter‹-Laufbahn für 1 blutige Stunde auf dem Schlachtfelde«, schreibt er am 15. September 1888 an den Redakteur Hermann Friedrichs. Die deutsche Literatur wäre um eine bedeutende Stimme ärmer, wenn sich dieser Wunsch erfüllt hätte, aber zum Glück ist es nicht so gekommen, und so stimmt die Antwort auch heute noch, die Heinrich von Reder auf den zackigen Begrüßungssatz des preußischen Kameraden und Dichterkollegen gegeben hat: »Machens keinen Unsinn. Sie sind der Liliencron.«[2]

---
[1] Heinrich Spiero: *Detlev von Liliencron. Sein Leben und Werk.* Berlin/Leipzig 1913, S. 301.
[2] Ebd.

Liliencron ist nach München gereist, weil er es in seiner engeren holsteinischen Heimat kaum mehr ausgehalten hat. Nach seiner rund zwölf Jahre währenden militärischen Laufbahn, der Teilnahme an den Kriegen von 1866 und 1870/71 und nach einem auf ganzer Linie gescheiterten Versuch, in Amerika ein neues Leben zu beginnen (unter anderem als Pianist und als Sprachlehrer) war Liliencron in den preußischen Verwaltungsdienst getreten; 1882 wurde er Hardesvogt auf der Insel Pellworm, 1883 Kirchspielvogt in Kellinghusen.

Liliencrons Briefe sind voller Klagen über die geistlose Öde der Kleinstädte, dieser »Brutstätten des Blödsinns und Bewahranstalten für Idioten und Cretins.«[3] Seitdem er 1883 mit der Lyriksammlung *Adjutantenritte* an die Öffentlichkeit getreten war, hatte er sich mit dem Gedanken getragen, das Wagnis der Existenz eines freien Schriftstellers einzugehen. Doch trotz der Anerkennung in Literatenkreisen – zu den begeisterten Lesern gehörten neben Theodor Fontane auch Klaus Groth und Theodor Storm – blieb der kommerzielle Erfolg des ersten Gedichtbandes aus. Dieses Rezeptionsmuster – literarische Anerkennung bei geringen Absatzzahlen – sollte sich in Liliencrons gesamter literarischer Karriere fortsetzen. Die »*ungeheure Schäbigkeit* des deutschen Volkes in Bezug auf sein *Kaufen* von Büchern« ließ ihn fürchten, seine Gedichte würden vielleicht im »Jahr 3000«, frühestens aber anno 2000 »im Deutschen Dichterwald gezählt«.[4]

Von einem Aufenthalt in München, der Begegnung mit den dortigen literarischen Kreisen um Michael Georg Conrad, Otto Julius Bierbaum und Heinrich von Reder erhoffte sich Liliencron die als dringend nötig empfundene geistige Anregung. An Bierbaum schreibt er am 24. Juli 1889: »Ich sehne mich unendlich, einmal herauszukommen, u. wenigstens Berlin, Leipzig und München zu sehn und die dortigen Freunde. Es ist – nehmen Sie mir bitte das nicht als Hochmut auf – mir wie ein Wunder, daß ich 11 Bücher binnen 5 Jahren in dieser Einsamkeit schreiben konnte.«[5] Theodor Fontane hat ihn nachdrücklich zu dieser Reise ermuntert:

> »Ich höre, daß Sie an Uebersiedelung nach München denken; ist dem so, so gratulire ich dazu von ganzem Herzen. Ich glaube, das ist ganz Ihr Platz. Ich gehe noch weiter: es ist die einzige Stadt in Deutschland, wo Künstler leben

---

[3] An Hermann Friedrichs, 17. Mai 1885.
[4] Brief an Hermann Friedrichs, 10. August 1888; Brief an Wilhelm Friedrich, 9. Mai 1886.
[5] Unveröffentlicht; Monacensia. Literaturarchiv und Bibliothek München. Signatur: AIII/Konv. Liliencron.

können. Der eigentliche Grundstock der Bevölkerung ist zwar so geistig todt und verbiert wie nur möglich, aber der Kunstzuzug aus aller Herren Länder ist so groß, daß eine Nebenbevölkerung existirt und in dieser lebt sich's freier und frischer als irgendwo.«[6]

Der knapp ein Jahr währende Münchner Aufenthalt hat vielerlei Spuren in Liliencrons Leben und Werk hinterlassen. Seine Münchner Liebschaften Josepha Kuisl und Katharina Schöpfer treiben sich als »Seffi«, »Seffinka« und »Katherl« in seinen Gedichten und Erzählungen herum, und sogar seiner Vermieterin Isolde Hintermeyer hat er in der Erzählung *Die Schnecke* ein kleines literarisches Denkmal gesetzt:

> »München ist für mich im ganzen deutschen Reich die angenehmste Stadt. Ich kenne keine, in der ich mich lieber aufhalte. In der Königinstraße hab' ich bei meiner liebenswürdigen Frau Hintermayr ständig ein Zimmer gemietet, so daß ich stets in München »mein Haus« habe.
>
> Diese fröhliche Stadt! Diese prächtigen, freundlichen, lustigen, natürlichen Menschen darin! Das herrliche Leben dort mit der Kunst, mit den Künstlern!«[7]

Aber auch die »liebenswürdige Frau Hintermayr« kannte keinen Spaß, wenn es um ausbleibende Mietzahlungen ging, und so setzte sie ihren zahlungsunfähigen Mieter vor die Tür. Bald danach tauchte Liliencrons zweite Ehefrau Augusta in München auf, um ihm den losen Lebenswandel auszutreiben, so gründlich, dass auch diese zweite Ehe im Jahre 1892 geschieden wurde. Liliencrons unveröffentlichter Briefwechsel mit Otto Julius Bierbaum[8] gibt ein anschauliches Bild des bohèmehaften Treibens, das Liliencron in München genossen hat. Nur noch einmal ist Liliencron danach in die bayerische Hauptstadt zurückgekehrt. Im Herbst 1905 hat er auf einer seiner Lesereisen, mit denen er seit 1898 einen großen Teil seines Lebensunterhalts verdiente, auch in München Station gemacht. Max Halbe, mit dem er seit 1889 in losem Briefkontakt stand, war der Ansprechpartner bei der Organisation seiner Münchner Lesung. Am 14. Oktober 1905 schreibt Liliencron an Halbe:

> Lieber, großer Dichter Max Halbe,
> vielen Dank für Ihre gütigen Zeilen. Schön: Donnerstag, den 23. November, Abends 8 Uhr lese ich in München vor im Saal der »Vier Jahreszeiten«.

---

[6] Fontane an Liliencron, 23. Januar 1890.
[7] Detlev von Liliencron: *Ausgewählte Werke*. Hrsg. von Walter Hettche. Neumünster 2009, S. 494.
[8] Ein Teil davon wird aufbewahrt in der Monacensia. Literaturarchiv und Bibliothek München, ein anderer in der Schleswig-Holsteinischen Landesbibliothek Kiel.

Diese und nächste Seite: Faksimile des Briefes von Detelv von Liliencron an Max Halbe vom 14. Oktober 1905, Original in der Monacensia

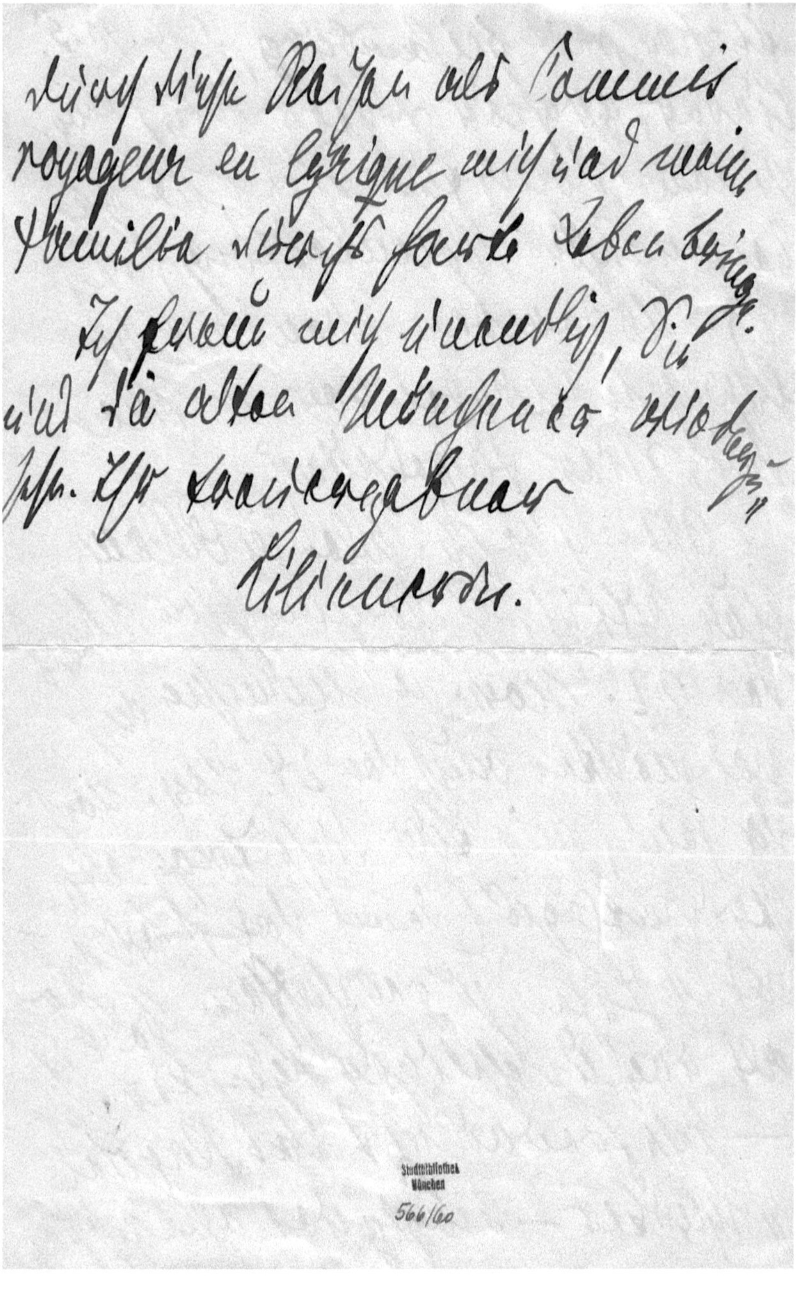
durch diese Reisen als Commis
voyageur en lyrique mich und meine
Familie durchs harte Leben bringe.
Ich hoffe nun endlich, Sie
und die alten Redakteure wiederzu-
sehen. Ihr treuergebener
Liliencron.

Stadtbibliothek
München
566/60

Gut: 400 M. Alles in Allem. Nur bitt ich, ich komme schon Abends den 22. Nov. in München an, und möchte auch den 24. Nov. noch da sein, mir für diese Tage ein Privatlogis (denn das ist billiger als im Hôtel) zu verschaffen. Weil ich, als unglückseliger Lyriker – siehe freundlichst das Kapitel »Lyriker« – einzig und allein sozusagen durch diese Reisen als Commis voyageur en lyrique mich und meine Familie durchs harte Leben bringe.

Ich freue mich unendlich, Sie und die alten Münchener wiederzusehn. Ihr treuergebner
Liliencron.[9]

Für solche Vortragsabende konnte Liliencron zu diesem Zeitpunkt auf ein reiches literarisches Schaffen zurückgreifen: sechs Gedichtbände, zahlreiche Romane und Erzählungen sowie fünf Dramen aus den achtziger Jahren, die ihm mittlerweile allerdings reif für den »Dreckeimer«[10] erschienen. Den überlieferten Programmzetteln nach zu schließen hat er aus diesen Stücken nicht öffentlich vorgelesen, sondern sich auf kurze Erzähltexte und vor allem die Gedichte konzentriert. Das ist der Teil seines Werkes, der auch die Leserschaft des 21. Jahrhunderts noch ansprechen kann. Während Liliencron als Erzähler in Prosa und Vers noch wiederzuentdecken bleibt, hat seine Lyrik immer schon ihre Liebhaber gefunden. Liliencron hat ein lyrisches Œuvre hinterlassen, das zum besten gehört, was im letzten Drittel des 19. Jahrhunderts auf diesem Gebiet in deutscher Sprache geschrieben wurde. Bereits die ersten Leser der 1883 erschienenen *Adjutantenritte* priesen die Frische des Tons, die Originalität und Individualität der Gedichte Liliencrons. Gustav Falkes Gedicht *Liliencron, der edle Ritter* gibt einen Eindruck von dem Aufsehen, das diese neuartigen Verse erregten:

Liliencron, der edle Ritter,
Fegte wie ein Lenzgewitter
Durch die teutsche Litratur.
Onkel, Tante, tieferschrocken,
Zerrten zitternd alle Glocken:
Herr, schütz unsre fromme Flur!
[...][11]

Die vielgerühmte Ursprünglichkeit der Lyrik Liliencrons ist indessen das Ergebnis eines genau kalkulierten Arbeitsprozesses. Zwar berichtet

---

[9] Unveröffentlicht; Monacensia. Literaturarchiv und Bibliothek München. Signatur: MH B 157.
[10] An Wilhelm Friedrich, 7. Mai 1887.
[11] Gustav Falke: *Frohe Fracht. Neue Gedichte.* Hamburg 1907, S. 32.

Liliencron gelegentlich von Phasen geradezu enthemmter Produktivität
– »Eine Fülle von Liedern sprudelt zur Zeit bei mir«, heißt es beispielsweise am 26. September 1885 in einem Brief an Theobald Nöthig –, aber die Gedichthandschriften bestätigen die öfters wiederholte Behauptung, er »feile« ausgiebig an seinen Versen, »an *einem* Wort *5–6 Jahre*«, wie er an Wilhelm Friedrich schreibt (18. Februar 1889). Diese skrupulöse Arbeitsweise ist ein Grund für die zahlreichen Schaffenskrisen und Selbstzweifel, die Liliencron quälten und die in dem bitteren Fazit aus dem Jahr 1900 kulminieren: »Was soll überhaupt die ganze Lyrik? Ich finde und fand nie etwas Blödsinnigeres, namentlich in Teutschland. Der Lyrik gilt mein ewiger Spott, namentlich voran meinen eigenen Schundgedichten. Jeder Kesselflicker und Straßenkehrer ist mir lieber.«[12] Diesem harten Selbsturteil wird man – vor allem angesichts der trivialen Massenware, mit der Liliencrons dichtende Zeitgenossen den literarischen Markt überschwemmten – kaum zustimmen können. Zwar ist Liliencron wie jedem Dichter nicht alles auf gleich hohem Niveau gelungen; so enthält die Sammlung *Der Haidegänger* von 1890 eine beträchtliche Anzahl mißglückter Gedichte. Dennoch ist, aufs Ganze gesehen, sein Rang als einer der größten Lyriker des späten 19. Jahrhunderts mittlerweile unbestritten.[13] Liliencron ist in allen Traditionen der Verskunst zu Hause, in den germanischen Metren ebenso wie in den romanischen und den antiken. In seinen Gedichtsammlungen finden sich die deutsche Volksliedstrophe, die Chevy-Chase-Strophe und die Vagantenstrophe neben Romanzenversen und Stanzen, Sizilianen und Terzinen, der Bau eines korrekten Hexameters bereitet ihm keine Schwierigkeiten, und auch freirhythmische Gebilde und Strophen eigener Erfindung gehören zu seinem Repertoire. Sein Bestes leistet Liliencron in den zarten, an den Pointillismus der impressionistischen Malerei erinnernden Landschafts- und Naturbildern wie *Four in hand*, *Märztag*, *Die Raben* und dem kleinen Meisterwerk *Dorfkirche im Sommer*:

Schläfrig singt der Küster vor,
Schläfrig singt auch die Gemeinde,
Auf der Kanzel der Pastor
Betet still für seine Feinde.

---

[12] An Karl Lorenz, 31. Januar 1900.
[13] Vgl. Volker Neuhaus: Artikel Liliencron, Detlev von. In: *Metzler Autoren Lexikon. Deutschsprachige Dichter und Schriftsteller vom Mittelalter bis zur Gegenwart*. Hrsg. von Bernd Lutz. Stuttgart/Weimar ²1994, S. 556.

Dann die Predigt, wunderbar,
Eine Predigt ohne Gleichen.
Die Baronin weint sogar
Im Gestühl, dem wappenreichen.

Amen, Segen, Thüren weit,
Orgelton und letzter Psalter.
Durch die Sommerherrlichkeit
Schwirren Schwalben, flattern Falter.[14]

In den ersten beiden Strophen dieses Gedichts wird die Langweiligkeit des Gottesdienstes in der Häufung langer Vokale und Diphthonge sinnfällig, vor allem aber in zwei Wiederholungsfiguren, zunächst im Parallelismus des Satzbaus und dem anaphorisch wiederholten schläfrigen Singen in den ersten beiden Versen, sodann in der Figur der Epanalepse in der zweiten Strophe: »die Predigt ... Eine Predigt«. Der Inhalt dieses Sermons rauscht an den Zuhörern offenbar unverstanden vorüber; mehr als die Floskeln »wunderbar« und »ohne Gleichen« wird darüber nicht gesagt, woraus man schließen kann, daß auch die Baronin nicht so genau weiß, worüber sie eigentlich weint. In der letzten Strophe ist dann die Auflösung dieser dumpfen Lethargie wiederum im Sprachmaterial abgebildet: »Amen«, »Segen« und »Orgelton« haben, wie an den Langvokalen spürbar wird, noch Teil an der Zähigkeit des gottesdienstlichen Geschehens, aber schon die asyndetische Reihung dieser Substantive bringt ein erhöhtes Tempo in die Strophe, das sich in den beiden Schlußversen durch die zahlreichen Doppelkonsonanten, besonders aber durch die Alliterationen im letzten Vers zu einer befreiten Lebendigkeit steigert. Bei all diesen auf den ersten Blick vielleicht nur als dekorative Accessoires erscheinenden Besonderheiten der ›äußeren‹ Form handelt es sich nicht um nebensächliche Zutaten, sondern um bedeutungstragende Strukturelemente.

Liliencrons Gedichtbände ragen aus der Masse der Versdichtung der Zeit ähnlich glanzvoll heraus wie die Lyrik Theodor Storms, Conrad Ferdinand Meyers und die späten Gedichte Theodor Fontanes. Während aber diese Autoren eine Generation älter waren als Liliencron und ihre literarische Sozialisation in der Spätromantik und dem Vormärz erfahren hatten, nähert sich Liliencron schon der beginnenden literarischen Moderne. Obwohl er sich in seinen Briefen gelegentlich

---

[14] Detlev von Liliencron: *Ausgewählte Werke* (wie Anm. 7), S. 25.

auf die Vorbilder Platen und Heine beruft, gehört Liliencron – Jahrgang 1844 – doch schon in die Nähe der jungen Garde der um 1860 geborenen Naturalisten, mit denen ihn nach eigenem Bekenntnis einiges verbindet. »Das ist ja eine ganz colossale Revolution in der Dichterwelt zur Zeit; eine neue *Epoche*. Ich fühl's in jeder Fiber. Und ich marschiere mit«, schreibt er am 5. Juli 1887 an Hermann Friedrichs, und am 13. Mai 1888 gesteht er in einem wiederum an Friedrichs gerichteten Brief: »Ich neige immer mehr zum Naturalismus, doch gemildert durch die Künstlerhand.« In der Tat: Liliencrons »im Elend gestorbener deutscher Dichter«, der »Blitzzug«, gar der am Ende nur noch alkoholisiert lallende Protagonist in *Betrunken* – all das sind Typen, Motive und Themen, die dem Fundus der naturalistischen Poetik entstammen. Manche der in Liliencrons Gedichten gestalteten Modernitätserfahrungen, zum Beispiel die Isolation des Einzelnen in der Großstadt und die modernen Massenverkehrsmittel wie Eisenbahn, Automobil oder Straßenbahn, werden Jahre später im Expressionismus zu zentralen Gegenständen der Lyrik. Auch die Leere, die in den Wäldern »ängstet«, die »kahlen Äste«, durch die sich der Fluß zeigt, das »kalte Schweigen« (*Acherontisches Frösteln*, 1893) könnten einem Gedicht von Georg Heym entstammen. Manche Poeme Liliencrons nähern sich gar dem dadaistischen Nonsens wie die *Ballade in U-dur* oder das Gedicht *Einmarsch in die Stadt Pfahlburg*, das mit den Versen »Tä tätätätä tä,/Bä bäbäbäbä bä« beginnt.

Diese Nähe zur literarischen Moderne kontrastiert bei Liliencron mit einer ausgeprägt konservativen politischen Gesinnung. In »*litterarischer* Beziehung«, so betont er am 6. Februar 1886 in einem Brief an Theobald Nöthig, gehe er »durchaus mit dem Jungen Deutschland. Ich fühle lebhaft ›mit‹; ich fühle instinctiv, daß eine neue litterarische Epoche *anbricht*, angebrochen ist. Das ist die einfache Reaction gegen die furchtbare Fluth von Dreck, Zimperlichkeit, Prüderie, Altertantenkram.« Doch bei aller Sympathie mit den ›Modernen‹ besteht er im selben Brief auf seiner eigenen politischen Haltung: »Mein letzter Hauch ist: Es lebe der Kaiser.« Die Erwähnung von Automobilen, Telefonen und Eisenbahnen in den Gedichten bedeutet genau genommen ja nur, daß Liliencron die Begleiterscheinungen des modernen Lebens für literaturwürdig hält; damit wird er aber noch nicht zu einem Dichter der ›Moderne‹. In seinen Werken gestaltet er immer wieder Fluchten ins Kosmische (etwa im Versepos *Poggfred*) und Exotische. Häufig eignet Liliencrons Werken auch ein Moment des Abseitig-Privaten, wie es sich in Phantasien des Rückzugs ins Inselhaft-Einsiedlerische zu erkennen gibt, zum Beispiel im dritten Teil des Gedichtzyklus *Über ein Knickthor gelehnt*, am radikalsten aber in seinem Wunschbild aus dem Jahr 1900:

> Am liebsten grübe ich mir eine Höhle in die Haide und schriebe darüber:
> Lat mi tofreeden.
> Hier wohnt Herr Friedrich Wilhelm Schulze.
> Eintritt verboten![15]

Nachdem man Liliencron zu Anfang des 20. Jahrhunderts eine beinahe kultische Verehrung entgegengebracht hat, markiert Gottfried Benns Gedicht *Impromptu* (1955) ziemlich genau die Wende zu einer distanziert-kritischen Betrachtung des Dichters und seines Werks:

> Damals war Liliencron mein Gott,
> ich schrieb ihm eine Ansichtskarte.[16]

Das Selbstbild des kriegerischen Draufgängers und Frauenhelden, das Liliencron in manchen seiner Texte entwirft, hat eine unbefangene Rezeption seiner Werke im ausgehenden 20. Jahrhundert eher verhindert als befördert. Seine manchmal unfreiwillig komisch wirkende Kaisertreue – »der edelste Mensch, der nach Christus edelste Mensch: Kaiser Friedrich III.«[17], dekretiert er in einem Brief –, sein Frauenbild, seine Verherrlichung von Kampf und Krieg mögen als historische Phänomene zu erklären, aber eben auch nur noch als solche zu bewerten sein. »Ich *achte* jede pol. Grundsätze, nur soll man auch dann die meinen achten«,[18] behauptet Liliencron von sich selbst, und man hat keinen Grund, an dieser Aussage zu zweifeln. Ob man den uns heute fragwürdig erscheinenden Aspekten seiner Persönlichkeit und seiner Gesinnungen tatsächlich die von Liliencron selbst eingeforderte Achtung entgegenbringen soll, ist eine müßige Frage. Weite Teile seines Werkes sind frei von solchen Mißtönen, und als Lyriker wie als Erzähler hat Liliencron allemal die Aufmerksamkeit heutiger Leser verdient, in den besten Fällen sogar uneingeschränkte Hochachtung.

---

[15] Detlev von Liliencron: *Im Spiegel. Autobiographische Skizze*. In: *Gesammelte Werke*, Bd. 8: Miscellen. Berlin 1912, S. 373. Vgl. auch das Gedicht *Armut, Einsamkeit und Freiheit*, in: *Ausgewählte Werke* (wie Anm. 7), S. 177f.
[16] Gottfried Benn: *Sämtliche Werke*. Stuttgarter Ausgabe. In Verbindung mit Ilse Benn hrsg. von Gerhard Schuster. Bd. I: Gedichte 1. Stuttgart 1986, S. 290.
[17] An Hermann Friedrichs, 30. Juli 1888.
[18] An Hermann Friedrichs, 26. Dezember 1888.

Christina Kargl

»In das Nichts gewürfelt ist meine ganze Welt«

Ein Porträt der Autorin Regina Ullmann zum 125. Geburtstag

Am 14. Dezember 1884 wurde die Schriftstellerin Regina Ullmann in St. Gallen in der Schweiz geboren. Heute könnte man sie zu der Gruppe der vergessenen Dichterinnen zählen, denn bis vor kurzem waren ihre Bücher nur im Antiquariat zu finden. Nur der Sammelband »Ausgewählte Erzählungen« war noch vereinzelt im Buchhandel erhältlich. Doch neuerdings erfährt Regina Ullmann eine Renaissance, vor allem seit dem Erscheinen des neuen biographischen Romans der Schweizer Autorin Eveline Hasler, die in *Stein bedeutet Liebe* die Beziehung von Regina Ullmann zu dem charismatischen Psychoanalytiker und Neurologen Otto Gross beschreibt. Im Zuge dieser Publikation wurde auch Regina Ullmanns Erzählband *Die Landstraße* wieder neu aufgelegt.

Regina Ullmann 1938

Wer sich mit Regina Ullmann beschäftigt, wird ziemlich schnell erkennen, dass ihre Art zu schreiben ihrem Wesen entsprach, ihrer Bedächtigkeit und Rückgezogenheit, aber auch ihrer beeindruckenden schriftstellerischen und rhetorischen Fähigkeit, kleinste und unbedeutendste Dinge oder Themen in den Mittelpunkt des allgemeinen Interesses zu stellen. So konnte sie wie ein Holzklotz in der Ecke hocken, mehr als unscheinbar, und kein Wort sprechen, schreibt ihre Freundin und Biographin Ellen Delp, oder, entzündet von der Aura eines Hauses oder einer Person, plötzlich nicht nur ohne Stottern, sondern mit der überlegensten Diktion und einer darstellerischen Nuancierung ohnegleichen zu erzählen anfangen.[1]

Hermann Hesses Interpretation von Regina Ullmanns Werk und Arbeitsweise kommt dem Kern sicher sehr nahe:

»In unserer Atmosphäre kämpft der Dichter, dem es ernst ist, um jedes Wort, um jede Gebärde, die Wahrheit versteht sich nicht mehr von selber noch die Schönheit, man muss sich gegen ganze Ströme echten Ausdrucks stemmen, ein bisschen Wirklichkeit echter gültiger Sprache zu ermöglichen. Der Kampf Rilkes, der Kampf Georges, einerlei, wieweit wir diesen Kampf als siegreich betrachten, hat diesen Sinn. Und so kämpft in ihrem kleineren Bezirk in ihrer langsam knetenden Prosa Regina Ullmann um ihr Stück Wirklichkeit, womit nicht ein naturalistischer Wirklichkeitsschein gemeint ist. Einige Gebilde, so scheint mir, haben den Zauber der wirklichen Dinge: sie sind nicht vor allem schön, sondern vor allem wahr.«[2]

Beide Eltern der Dichterin stammten aus jüdischen Häusern. Ihr Vater, der sich als Stickereiwarenfabrikant in St. Gallen niedergelassen hatte, starb schon früh, und Regina schilderte die Betroffenheit des Kindes später in verschiedenen kurzen Erzählungen, wie beispielsweise in *Der Tod*:

»Der Tod fragt nimmer, was war, nicht was ist und was wird werden. Wir haben ihn alle schon einmal gesehen, alle schon einmal reden hören. Aber dem einen klingt die Stimme wie Metall, dem anderen ist der Tod ein Abgrund, schwarz und haltlos, und ein Dritter sieht ihn als die Ruhestätte der Menschen. Nur das Kind hat ihn nicht im Herzen, steht hinter der Walze, den tausend Jahren, die dahinrollen. Es geht nicht mit, steht hinter der Zeit.«[3]

In gewisser Weise stand auch Regina Ullmann »hinter der Zeit«, war langsam und zurückgeblieben hinter gleichaltrigen Kindern, beobachtete gleichsam von innen heraus die Welt in fast autistisch anmutender Weise. Die Schule fiel ihr schwer, sie hatte Rede- und Schreibhemmungen, schielte, war übersensibel und vergesslich. Besonders anschaulich schilderte sie ihre eigene Gehemmtheit in der Erzählung *Goldener Griffel*, in der ein eher schüchternes und bislang teilnahmsloses Mäd-

---

[1] Ellen Delp: *Regina Ullmann*. Einsiedeln 1960. S. 38. Im Folgenden zitiert als: »Delp 1960«.
[2] Delp 1960, S. 155f.
[3] Friedhelm Kemp (Hrsg.): *Regina Ullmann. Erzählungen, Prosastücke, Gedichte*. 2 Bde., München 1978. Band 1, S.25 f. Im Folgenden zit. als: »Kemp 1978, EPG«.

chen nur durch das Versprechen eines als magisch empfundenen goldenen Griffels dazu gebracht wird, ein fehlerfreies Diktat zu schreiben.

Mit dieser Erzählung entwarf Regina Ullmann geschickt ein Bild, das man auf ihr eigenes Wesen übertragen könnte, mit dem sie einerseits die äußerlich erkennbare Unbeholfenheit, andererseits aber auch die innere Glut und Genialität darstellen konnte. Sie begann schon als Kind, kleine Verschen zu machen, und bot so der Mutter die gerne aufgegriffene Möglichkeit, ihr Talent zu sehen und zu fördern. Doch zeigten sich bereits hier – in einem der ersten Gedichte des Kindes – Eigenheiten wie selbstbewusste Eigenwilligkeit und der Wunsch nach schöpferischer Einsamkeit, die Regina Ullmann lebenslang kultivieren sollte.

Ich dichte nicht arg,
Es kommt mir nicht stark.
Die Gedichte sind klein,
Ich dichte allein – –[4]

Als Regina Ullmann 1902, nachdem sie mit guten Noten die Mittlere Reife erlangt hatte, mit der Mutter nach München zog, dauerte es nicht lange, bis sie mit der Schwabinger Boheme in Berührung kam. Von ihrer Wohnung in der Schwabinger Fendstraße aus war sie ebenso schnell in der Universität bei Literaturkursen oder in der Staatsbibliothek zur Lektüre wie in den Schwabinger Szenelokalen Café Stefanie oder Simplicissimus.

Trotz ihrer großen Schüchternheit machte Regina Ullmann durch ihre literarische Begabung und verblüffende Vortragskunst schnell Bekanntschaft mit Künstlern und Freigeistern jeglicher Couleur, von denen viele später Berühmtheit erlangen sollten. Sie selbst drückte es so aus:

»Wie es Künstlerkolonien gab, die auf die natürlichste Weise es geworden, ohne jemals den Anspruch darauf erhoben zu haben, so mag es wohl zu manchen Zeiten Dichterschulen gegeben haben. Denn Künstler sind, wenn sie auch nicht danach streben, im besten Sinne Pädagogen und vermitteln ihr Wissen, ihre gereiften Erfahrungen auf selbstlose Weise. Alle zu nennen, obwohl es mich drängte, würde zu weit führen. […] Es möge nur an Rainer Maria Rilke, Hans Carossa, an das Geschwisterpaar Derleth, Max Picard und Dr. Wilhelm Hausenstein, an Momme Nissen, an Albert Steffen und Karl Wolfskehl erinnert werden.«[5]

---

[4] Delp 1960, S. 22.
[5] Regina Ullmann: »An den Leser«. Vorrede zu *Der ehrliche Dieb und andere Geschichten*. In: *Gute Schriften*. Basel 1946.

Sie durchwanderte im Laufe der Zeit verschiedene der zahlreichen Schwabinger Kreise, wurde anerkannt, unterstützt und bewundert, obwohl sie selbst eher im Hintergrund blieb.

Zum Umfeld der damals sehr aktiven Frauenrechtsbewegung, zu der Regina Ullmann um 1905 Zugang fand, zählte auch das Ehepaar Dorn. Die Lyrikerin Erika Rheinsch-Dorn engagierte sich mit ihrer Freundin, der bekannten Frauenrechtlerin »Ika« Freudenberg, im heute immer noch existierenden *Verein für Graueninteressen*.[6] Sie half der jungen Dichterin, erste kleinere Prosatexte im *St. Gallener Tagblatt* zu publizieren. Hanns Dorn, der Ehemann von Erika Rheinsch, der Professor für Wirtschaftswissenschaften an der TU München war, begann eine Beziehung mit Regina Ullmann, die jedoch mit ihrer Schwangerschaft abrupt endete. Die Tatsache der unehelichen Geburt ihrer Tochter Gerda im Januar 1906 wurde von Regina Ullmann als Tragödie schlechthin angesehen. Hanns Dorn unterstützte zwar allgemein die Emanzipierung und vor allem auch die erotische Selbstbestimmung der Frau, was auch in der von ihm mit zwei Kolleginnen herausgegebenen Zeitschrift *Frauenzukunft* zu ersehen war, überließ die junge Mutter aber ihrem Schicksal. In einem erst vor kurzem aufgetauchten Brief Hanns Dorns, den er kurz nach Gerdas Geburt an Regina Ullmann schickte, stellte er die junge Mutter vor die Entscheidung, das Kind entweder zur Adoption freizugeben oder sich von ihm als Kindsvater drei Jahre lang finanziell unterstützen zu lassen, wohlwissend, dass die gesetzliche Unterhaltspflicht 16 Jahre betragen würde.[7]

Die Tochter Gerda verbrachte die nächsten fünf Lebensjahre bei Pflegeeltern auf einem Bauernhof in Admont in der Steiermark. Hier schrieb Regina Ullmann ihr erstes Buch, die dramatische Dichtung *Feldpredigt*, deren Protagonisten in dieser einfachen Bevölkerung zu finden sind.

Als Regina Ullmann 1906/07 ohne Kind aus Österreich zurückkam, lernte sie nach kurzer Zeit im Schwabinger Café Stefanie den charismatischen Neurologen und Psychoanalytiker Otto Gross kennen, der hier seine Analysen durchführte. Er hatte sich bereits früh der Psychoanalyse zugewandt und stand zeitweise in Verbindung zu Sigmund Freud, als dessen begabtester Schüler er neben C.G. Jung betrachtet wurde. Otto Gross war ein Verfechter der erotischen Rebellion und seine Arbeitsmethode, Neurosen durch sexuelle Immoralität zu

---

[6] http://agso.uni-graz.at/bestand/32_agsoe/32bbio.htm vom 27. April 2009.
[7] Eveline Hasler: *Stein bedeutet Liebe*. München 2007. S. 42.

heilen, führte später zum Bruch mit Sigmund Freud. Regina Ullmann wurde von ihm in diversen Nachtsitzungen nach seiner Methode »therapiert«, worauf sie erneut schwanger wurde.

Am 18. Juli 1908 kam Regina Ullmanns zweite Tochter Camilla in München zur Welt. Die Mutter hatte ihr brieflich mehrere Vorschläge unterbreitet, wie die Geburt heimlich vonstatten gehen könnte. Die Angst Regina Ullmanns vor Bekanntwerden ihrer unehelichen Geburten im aufgeklärten, sexuell freien Schwabing ist verwunderlich. Franziska zu Reventlow hatte ihren 1897 geborenen Sohn Rolf alleine großgezogen, ohne in seiner Unehelichkeit auch nur das geringste Problem zu sehen. Von dieser Einstellung war bei Regina Ullmann nichts zu spüren. Das neugeborene Kind wurde anfangs ebenfalls in die Steiermark zu den Pflegeeltern gegeben, bei denen bereits Gerda untergebracht war. Da befürchtet wurde, dass auch dieser zweite Kindsvater seinen Unterhaltspflichten nicht nachkommen würde, strengte Regina Ullmann eine Unterhaltsklage an. Otto Gross wurde daraufhin zwar verurteilt, bis zum 16. Lebensjahr des Kindes Unterhalt zu leisten, kam seinen Verpflichtungen allerdings nie nach. Beide Kinder Regina Ullmanns kamen später zu einer Pflegefamilie nach Feldkirchen bei München.

Bereits 1908 hatte Regina Ullmann auf Drängen ihrer Mutter ihr Erstlingswerk *Feldpredigt* an Rainer Maria Rilke geschickt, dessen Gedichte sie sehr bewunderte. Am 3. September antwortete Rilke aus Paris, wo er zu dieser Zeit als Sekretär des Bildhauers Auguste Rodin arbeitete:

> »Daß ich Ihnen doch so recht überzeugend sagen könnte, was Schönes Sie da gemacht haben. Ich lese Ihr Buch zum zweiten Mal und werde es wiederlesen, denn es ist für mich eine vielfache Freude, die ich nur nach und nach bewältigen kann. [...] Und so, im ganzen, ist es etwas so Schönes, Wahres, Einfaches, wofür man ihnen nicht genug danken mag und um dessentwillen man Sie herzlich bewundern muß.«[8]

Bereits ein Jahr später bat Regina Ullmann Rilke, das Vorwort zu ihrem Buch *Von der Erde des Lebens* zu schreiben, das 1910 im Frauen-Verlag München und Leipzig erschien und das eine Reihe kleinerer Prosatexte enthielt. Hier thematisiert Regina Ullmann den Tod des

---

[8] Simon Walter (Hg.): *Rainer Maira Rilke. Briefwechsel mit Regina Ullmann und Ellen Delp*. Frankfurt 1987. S.7. Im Folgenden zit. als »Walter 1987, Rilkebriefwechsel«.

Vaters, das Leid der trauernden Mutter, Kindheitserlebnisse und Naturerfahrungen, aber auch parabelhafte Erzählungen, in denen, wie Ellen Delp es darstellt, bereits »das Dunkle, das Chthonische, das Dämonische, das drohend Machtergreifende«[9] aufscheint.

Rilke antwortete ihr aus Paris am 12. August 1909:

> »Als ich vor einem Jahr das kleine Buch kennen lernte, das sie Feldpredigt genannt haben, erfuhr ich ein besonderes neues Staunen. Und genau dieses selbe Staunen ergreift mich wieder über dem Manuskript Ihres bevorstehenden Buches. [...] Ich kann herschreiben: was euch auch begegnet, nehmt es für wahr; zweifelt nicht (denn ich habe nie gezweifelt). Dies gerade bestimmt, wie mir scheint, jenes eigentümliche Staunen, das Ihre Produktion in mir ausgelöst hat: dass in Ihren Schriften auch das Nichterfahrene, Hinfällige, Unbewältigte mit einer Sicherheit ausgestattet ist, mit einem ganz guten Gewissen sozusagen, demgegenüber kein Zweifel aufkommen kann. [...] Aber gerade da bin ich vielleicht im Mittelpunkt meines Staunens, wenn ich mich erinnere, wie bei Ihnen fast an allen Stellen das Vorläufige, wie im Gleichnis, auf das Endgültige hinweist, sein Vorläufer ist: leidenschaftlich erfüllt von ihm. Und dabei ist der Gegenstand oft so gering, dass man ihn für stumm und einfältig halten möchte: Sie schneiden ihm einen Mund ein, und er redet das Große. Ihre Seele ist wie ein Blindgeborener, den ein Seher erzogen hat.«[10]

Die Affäre mit Otto Gross ließ Regina Ullmann in großer Verzweiflung zurück. Ihr weiteres Leben könnte man mit einem Rückzug ins Kloster vergleichen. Sie wandte sich Menschen zu, die ihr Heilsbotschaften und tröstende Lehren vermittelten. 1911 lernte sie Ludwig Derleth und seine Schwester Anna näher kennen. Ludwig Derleth, der einen geistlichen Ritterorden zum Dienst an seiner *Ecclesia militans* etablieren wollte und wie Stefan George einen Kreis von Jüngern um sich geschart hatte, beeindruckte durch sein Charisma und sein priesterlich-militantes Auftreten.

Regina Ullmann beschrieb in ihren *Münchner Erinnerungen* die Wohnung, die Anna und Ludwig Derleth später am Marienplatz bezogen hatten:

> »Und in der horstähnlichen Behausung des vierten, später fünften Stockwerkes am Marienplatz, ist er vom Geistesleben Münchens und als späterer Antipode Stefan Georges nicht wegzudenken. Und ebenso nicht seine Schwester Anna, die auf einem kleinen Petrolherd in einem Raume ohne Fenster,

---

[9] Delp 1960, S. 156.
[10] Walter 1987, Rilkebriefwechsel, S. 8f.

den sie Küche nannte, ihren Freunden ein feierliches Mahl zu bereiten und in einem der schmalen Zimmer, die auf den Marienplatz hinaus gingen, auf Zinntellern aufzutragen wußte, im Glanze von Wachskerzen, oder einer altmodischen Lampe, auf die eine Büste Napoleons, schwach beleuchtet, herniederblickte. [...] Ein wenig duftete es manchmal daselbst nach Weihrauch, oder man bewunderte einen Rosenkranz von feiner Filigranarbeit, kurzum, es wurde nicht vergessen, wohin der Weg führte, den man von dort aus beschritt und man verfehlte ihn nicht, den Weg nach Rom!«[11]

Auch Regina Ullmann ging diesen Weg nach Rom. Sie erhielt in Altötting die religiöse Vorbereitung auf die Taufe bei einem Kapuzinerpater, beteiligte sich an Exerzitien und konvertierte schließlich am 10. November 1911 zum Katholizismus. Obwohl sie wegen ihrer jüdischen Abstammung Deutschland später verlassen musste, verlor der katholische Glaube für sie nie an Bedeutung.

Den Kontakt mit Rilke empfand Regina Ullmann als »Geschenk ihres Lebens«. Nach dem ersten Treffen im Münchner Hotel Marienbad 1912 begann die Unterstützung Rilkes, die erst mit seinem Tod endete. Zu einer Dichterlesung von Regina Ullmann lud er die gesamte Münchner Elite ein und führte sie anschließend in seinen Freundeskreis ein. Eine besonders enge und lebenslänglich andauernde Beziehung entwickelte sich zu der Schriftstellerin und Schauspielerin Ellen Delp, der Ziehtochter von Rilkes Freundin Lou Andreas-Salome. Gute Freundschaften entwickelten sich auch zu Eva und Kurt Cassirer, den Philosophen Rudolf Kassner und Max Picard, den Schriftstellern Hans Carossa und Felix Braun und zu dem Privatgelehrten Karl Wolfskehl.

Von 1915 bis 1917 bewohnten Regina Ullmann und ihre Mutter den Kornmesserturm auf der Burg in Burghausen und verbrachten dort zwei karge Kriegsjahre. Regina begann eine Art Gärtnerlehre und versuchte sich als Imkerin. Schwere Depressionen beeinträchtigen diese Tätigkeiten allerdings, und auch ihre schriftstellerische Arbeit kam zum Erliegen. Ende 1917 mussten Mutter und Tochter den Burghausener Turm wieder verlassen, da er für das Militär gebraucht wurde.

Ab 1917 lebte Regina Ullmann dann in Mariabrunn, einem kleinen Wallfahrtsort bei Dachau. Nach wie vor unterstützte Rilke ihre dich-

---

[11] Kemp 1978, EPG 2, *Münchner Jahre*, S. 426.

terische Arbeit und vermittelte sie zum Inselverlag. Erst 1919 erschienen hier ihre schon vor Jahren entstandenen Gedichte. Jedes Gedicht war zuvor von Rilke persönlich ausgewählt und fein säuberlich abgeschrieben worden.[12]

Obwohl auch die Jahre in Mariabrunn sehr ärmlich waren, bedeuteten sie für Regina Ullmann den Beginn einer neuen Schaffensperiode und hier in der Einsamkeit entstanden ihre Bücher *Die Landstraße* und *Die Barockkirche*. Eine Erzählung, die ebenfalls in dieser Zeit entstand, war *Die Konsultation*, die Ellen Delp als »die überlegene Selbstergründung ihrer augenblicklichen Verfassung«[13] bezeichnete. Es war Regi-na Ullmanns erste Auseinandersetzung mit der Person Otto Gross in Form einer Erzählung. Grundsätzlich wurde sein Name tabuisiert, und auch spätere Nachfragen der Tochter Camilla wurden nicht beantwortet.[14] Die *Konsultation* beginnt mit einem Brief:

Regina Ullmann 1916 in Burghausen mit ihren Töchtern Camilla (links) und Gerda (Privatarchiv der Enkelin Helene Kahl)

> »So ist das Leben, dachte sie. Eine Frage war es eigentlich, die sie aber an niemanden stellen konnte. Wenigstens glaubt sie nicht, es tun zu können. Und als sie den Brief erhalten hatte, der für sie unwiderruflich entschied, reiste sie ab. Wie es aber bei ihr nun einmal nicht anders zu sein pflegte: die Wirkung des Schlages, den ihr das Schicksal versetzt hatte, teilte sich ihrem Körper mit, nicht ihrer Seele. Diese verharrte nur in einer dumpfen Resignation, in einer Verschwiegenheit gegen sich selber.«[15]

---

[12] Ullmann, *Erinnerungen*, S. 25f.
[13] Delp 1960, S. 100.
[14] Gottfried Heuer (Hrsg.): *Camilla Ullmann. 1908–2000*. Nachruf von Gottfried Heuer. In: *2. Internationaler Otto Gross Kongress in Burghölzli*, Zürich 2000 Marburg 2002, S. 9–11.
[15] Kemp 1978, EPG 2, *Die Konsultation*, S. 171.

Es ist nichts darüber bekannt, ob Regina Ullmann auch in Wirklichkeit einen derartigen Brief erhalten hat, der sie so schwer erschüttert hat. Vermutlich wurde sie jedoch zu dieser Zeit über den Tod von Otto Gross informiert, der am 13. Februar 1920 in Berlin gestorben war. Man hatte ihn Tage zuvor halb verhungert und erfroren in einem Hauseingang gefunden – das grausame Ende einer jahrelangen Drogensucht.

Während der langen Wanderungen, von denen das Buch *Die Landstraße* berichtet, konnte Regina Ullmann ihre Kinder nur selten sehen. Die Töchter Gerda und Camilla akzeptierten den Arbeitsrhythmus ihrer Mutter jedoch ebenso wie ihre Eigenwilligkeit, Besonderheit und ständige Abwesenheit, wenn es auch häufig schwer fiel. Wie die meisten Kinder hatten auch sie manchmal das Gefühl, zu kurz gekommen zu sein. Rilke, der selbst Vater einer Tochter war, schrieb Regina Ullmann am 23. Dezember 1920 zu diesem Thema:

> »Unser Unrecht, Regina, liegt, glaub mir, nicht so sehr darin, den Kindern nicht mehr als nur ›das pure Leben‹ geschenkt zu haben, als vielleicht darin, dass wir überhaupt Kinder hatten, während doch unsere Verantwortung schon vorher anders belegt und vergeben war und ihnen also nicht mehr zugewendet werden konnte. Dabei liegt es für dich noch leichter, als für mich – denn als Frau hättest Du vermuthlich, ohne die Mutterschaft, nie ganz zur Reife kommen können, ich meine, zu jener Vollzähligkeit der inneren Natur: auch in Deiner Arbeit nicht. Während die meine ja von meiner Vaterschaft und unausgeübter Väterlichkeit durchaus unabhängig war.«[16]

Durch Rilkes Vermittlung erhielt Regina Ullmann von Anton Kippenberg, dem Verleger des Insel-Verlages, eine monatliche Zahlung von 500,– Reichsmark bis ins Jahr 1926. Dieses war zugleich auch der Vorschuss für den Roman *Girgel und Lisette*, den sie in dieser Zeit plante. Der Roman wurde jedoch niemals fertig, und der Insel-Verlag stellte seine Unterstützung einige Monate nach dem Tod Rilkes ein.[17] In dem Erzählband *Die Landstraße* ist auch die Erzählung *Von einem alten Wirtshausschild* enthalten, das Rilke für ihr »Meisterstück« hielt, in dem »bewusstes und unbewusstes Gelernthaben plötzlich im vollkommenen Können«[18] zusammentreffe. Obwohl sie in dieser Zeit keine fi-

---

[16] Monacensia. Literaturarchiv und Bibliothek München. Nachlass Ullmann.
[17] Charles Linsmayer (Hrsg.): *Regina Ullmann. Ich bin den Umweg statt den Weg gegangen. Ein Lesebuch.* Frauenfeld 2000, S. 382. Im Folgenden zit. als: »Linsmayer 2000«.
[18] Walter 1987, Rilke-Briefwechsel., S. 198.

nanzielle Not litt, fiel Regina Ullmann immer wieder in Depressionen. 1923 verließ sie Mariabrunn und kaufte mit dem vor Jahren erzielten Erlös aus dem Verkauf des St. Gallener Hauses mit ihrer Mutter ein Haus in Planegg, um das inflationäre Geld sicher in einem Sachwert anzulegen.[19] 1924 heiratete Gerda Ullmann den Feldkirchener Gärtnermeister Hans Kahl, bei dem die Schwiegermutter Regina Ullmann zeitlebens ein gern gesehener Gast war.

Um diese Zeit lernte Regina Ullmann in München immer wieder interessante Menschen kennen, darunter auch das Ehepaar Held. Hans Ludwig Held, der Stadtbibliothekar und vor genau 85 Jahren Begründer der Handschriftensammlung Monacensia in München war, wurde später der Ersatz-Taufpate für ihre erste Enkelin Helene Kahl, die heute noch in Feldkirchen lebt. Mit seiner Frau Margarethe, einer gebürtigen Schweizerin, freundete sich Regina Ullmann besonders an. Als diese eines Tages einen geplanten Kaffeebesuch absagen musste, bei dem man über die gemeinsame Schweizer Heimat hatte sprechen wollen, schrieb Regina Ullmann aus dieser Stimmung heraus innerhalb weniger Tage die, wie Hans Carossa sagte, »zauberhafte Heimwehgeschichte«, *Das Modewarengeschäft der Frau Laura Nägeli*, deren Protagonistin sie mit ihrer eigenen heimwehkranken Seele versah.[20]

Während des Krieges unterstützte die Gärtnerfamilie Kahl den begeisterten Hobbygärtner Held ständig mit jungen Pflänzchen. Jedoch waren seine gärtnerischen Erfolge eher gering, weshalb man dazu überging, ihm Obst und Gemüse gleich direkt zu schenken. Diese Großzügigkeit vergalt Held der Familie nach dem Krieg, als er wieder in Amt und Würden eingesetzt worden war, indem er sie jedes Wochenende mit großem Auto und Chauffeur besuchte und half, wo er nur konnte.[21]

Am 29. Dezember 1926 starb Rainer Maria Rilke. Kurz vor seinem Tod hatte er seinem Schweizer Mäzen Georg Reinhart Regina Ullmann besonders ans Herz gelegt:

> »Es handelt sich um jene Dichterin, deren Weg und Schicksal ich seit mehr als zwanzig Jahren begleiten und ab und zu ebnen durfte; es scheint mir eine der Vergünstigungen meines Lebens, ihre Wertigkeit seinerzeit rechtzeitig erkannt zu haben: Meine Überzeugung für Regina Ullmann hat mit den Jahren stetig zugenommen, viele haben mir nach und nach im gleichen Sinne recht gegeben – und mit welcher Freude, welchem Stolz, konnte ich die

---

[19] Delp 1960, S. 128.
[20] Delp 1960, S. 134f.
[21] Gespräch mit der Enkelin Helene Kahl im August 2003.

seltene Dichterin [..] den aufhorchenden Sankt-Gallnern als ihre besondere Landsmännin offenbaren. [...] Es handelt sich um eine Schweizerin, um eine Dichterin, die sich in der Erzählung ›Von einem alten Wirtshausschild‹ (in ihr ganz besonders), indem sie ihre Mängel selbst einer intensiven und genialischen Noth des Ausdrucks dienstbar machte, eine Prosa geschaffen hat, die man künftig, neben Texte Büchner's oder Claudius' in Anthologien einstellen wird; es handelt sich um die Rettung der oder jener begonnenen Arbeit, die vielleicht im Werthe den eben genannten Seiten gleichkommen will.«[22]

Von Mai bis Oktober 1927 durfte Regina Ullmann als erster Gast nach Rilke im Wohnturm von Muzot wohnen, wohin sie bis in die 40er Jahre hinein immer wieder zum Arbeiten kam. Bald galt sie auch als Expertin für die Interpretation von Rilkes Werk. In dieser Zeit lernte sie den Essayisten und Kulturhistoriker Wilhelm Hausenstein kennen, den sie später oft in dessen Haus in Tutzing am Starnberger See besuchte und der ihr Kontakte zu verschiedenen Zeitungen, z. B. der FAZ verschaffte, in denen sie veröffentlichen konnte.

1933 zog Regina Ullmann mit ihrer pflegebedürftigen Mutter in das St. Hildegardstift im Münchner Stadtteil Lehel. Im Mai 1935 wurde sie offiziell aus dem Reichsschriftstellerverband ausgeschlossen und durfte fortan nicht mehr publizieren. Hans Carossa schrieb über einen Besuch bei ihr am 14. Mai 1935 an Hedwig Kerber:

»Sehr froh bin ich über meinen Besuch bei Regina Ullmann, die nun in ihrer Existenz als Schriftstellerin tatsächlich vernichtet ist (es ist ja eine neue radikale Judenverfolgung im Gang), sich aber dabei ganz tapfer verhält. Sie wohnt in einem kath. Schwesternheim (St. Hildegard); sie empfing mich in dem allgemeinen Besuchszimmer u. war von dem unverhofften Besuch ungeheuer erschüttert. [...] Sie will nun nach Österreich oder in die Schweiz gehen und glaubt nicht, dass sie je wieder nach Deutschland zurückkehren wird. Ich hab die Mitteilung der Reichsschrifttumskammer gelesen: eine eiskalte brutale Formel, ohne jede Anrede, offenbar in vielen Exemplaren vorrätig.«[23]

Da sich die politische Situation seit Erlass der Arier-Gesetze zunehmend verschärfte und sie keinen deutschen, sondern einen österreichischen Pass hatte, zog sie mit ihrer Mutter nach Österreich. Bis Anfang 1936 kam Regina Ullmann zwar immer wieder nach Deutschland, wurde aber zunehmend ängstlicher. Sie überschrieb das seit längerem ver-

---

[22] Walter 1987, Rilkebriefwechsel, S. 237f.
[23] Hans Carossa am 14.5.35 an Hedwig Kerber. In: Hans Carossa: *Tagebücher 1925–35*, hrsg. von Eva Kampmann-Carossa, Frankfurt 1993.

mietete Haus in Planegg an ihre »halbarischen Töchter« und zog mit ihrer Mutter von Hall in Tirol nach Salzburg. Im Januar 1938 starb die Mutter in einem Salzburger Sanatorium und wurde nach jüdischem Ritus beerdigt.

Am 13. März 1938 erfolgte der Anschluss Österreichs, und Regina Ullmann, die von Geburt an die österreichische Staatsangehörigkeit ihres Vaters hatte, wurde Reichsdeutsche. Unzählige deutsche und österreichische Juden flüchteten daraufhin in die Schweiz. Ab 26. März wurde deshalb eine Visumspflicht für Inhaber österreichischer Pässe eingeführt. Von Freunden wurde Regina Ullmann gedrängt, sofort in die Schweiz einzureisen, was ihr dann am 23. März 1938, gerade noch rechtzeitig, gelang. Mit lediglich 100 Franken im Monat, die ihr zur Verfügung standen, mietete sie ein Zimmer bei den Menzinger Schwestern im St. Gallener Marienheim, in dem sie dann bis 1959 lebte. Für die Aufenthaltsbewilligung verlangte die Stadt St. Gallen jedoch für den Fall von Arbeitslosigkeit, Krankheit oder Bedürftigkeit eine hohe Kaution, die Regina Ullmann von ihren Mäzenen erbat. Sie erhielt eine immer nur für ein Jahr befristete Aufenthaltserlaubnis, die sich dann, nach einem inquisitorischen Nachprüfungsverfahren, Jahr für Jahr verlängerte. In diesen Jahren lebte sie von Zuwendungen ihrer Mäzene und Freunde in allergrößter Bescheidenheit.[24]

Immer wieder litt sie unter Gallenbeschwerden und konnte nicht arbeiten. Beim Benziger-Verlag in Einsiedeln, zu dem sie gewechselt war, erschienen erst 1942 und 1944 die Erzählbände *Der Engelskranz* und *Madonna auf Glas*. Zu ihrem 60. Geburtstag 1944 veranstaltete die Museumsgesellschaft in St. Gallen eine Feier, bei der Regina Ullmann ihre *Erinnerungen an Rilke* vortrug, die 1945 in einem kleinen bibliophilen Druck im Tschudy-Verlag erschienen.

Erst 1947 konnte Regina Ullmann die Einreisebewilligung nach Deutschland bekommen und ihre Töchter und Enkelkinder wiedersehen. Auf Vorschlag des Präsidenten Wilhelm Hausenstein wurde sie 1949 außerordentliches Mitglied der Bayerischen Akademie der Schönen Künste in München. Ein Jahr später las sie hier aus ihren Werken.

Im Jahr 1950 ging für Regina Ullmann endlich ein Wunsch in Erfüllung, den sie seit ihrer Kindheit gehegt hatte: Sie wurde Schweizer Bürgerin des Kantons und der Stadt St. Gallen.

---

[24] Linsmayer 2000, S. 403.

1954 erschien ihr letzter Erzählband *Schwarze Kerze* im Benziger-Verlag. Im selben Jahr wurde Regina Ullmanns 70. Geburtstag als großes Fest gefeiert. Die Stadt St. Gallen verlieh ihr den 1. Kulturpreis[25], und ihre dramatische Dichtung *Feldpredigt* wurde uraufgeführt. Der Verleger Henry Tschudy hatte zum Anlass ihres Geburtstages eine bibliophile Freundesgabe mit Beiträgen von Thomas Mann, Hans Carossa, Wilhelm Hausenstein, Werner Bergengruen, Felix Braun, Hermann Hesse, Max Picard und vielen anderen herausgegeben. In der *Neuen Züricher Zeitung* schrieb Hermann Hesse über sie die vielzitierten Worte:

»In diesen kleinen Erzählungen ist alles das erreicht, wonach die falschen Volks- und Heimatdichter so sehr streben. Es duftet nach Brot und Honig, nach Kerzen und Weihrauch, nach Stall und nach Volk, es wird von kleinen Leuten und Kindern erzählt, und alles ist voll Geheimnis.«[26]

1959 zog Regina Ullmann schwer krebskrank in die Nähe von München nach Eglharting/Gemeinde Kirchseeon im Landkreis Ebersberg und wurde dort von ihrer Tochter Camilla gepflegt. 1960 erschienen die von ihr und Ellen Delp zusammengestellten *Gesammelten Werke* in zwei Bänden im Benziger-Verlag. Im Dezember 1960 erlitt sie einen Oberschenkelhalsbruch und wurde ins Ebersberger Krankenhaus eingeliefert, wo sie am 6. Januar 1961 starb. Sie wurde auf dem Friedhof in Feldkirchen beerdigt. Werner Bergengruen schrieb in einem Brief an die Tochter, wie sehr er das »Erlöschen dieses wunderbaren, kraft- und liebevollen Lebens, dieses wahrhaft Strahlen aussendenden Zentrums« bedauerte.[27]

In ihrer *Lebensbeschreibung in Form eines Aufsatzes* zieht Regina Ullmann selbst die Bilanz ihres Lebens:

»Ich bin den Umweg statt den Weg gegangen, obwohl ich heute glaube, dass ein schöpferischer Mensch der Welt, in der er wirkt, keinen wichtigeren Dienst erweisen kann, als eben den, den Weg und nicht den Umweg zu gehen. Aber ich war bemüht, nichts zu überspringen, mir nichts zu ersparen,

---

[25] Eveline Hasler hat 40 Jahre nach Regina Ullmann den St. Gallener Kulturpreis erhalten, was sie zu dem Buch über Regina Ullmann inspirierte.
[26] Zit. nach Elisabeth Antkowiak (Hrsg): *Regina Ullmann. Kleine Galerie.* Leipzig o.J. Klappentext.
[27] Monacensia. Literaturarchiv und Bibliothek München. Nachlass Ullmann: Brief von Werner Bergengruen an Camilla Ullmann vom 11. Januar 1961.

Grab in Feldkirchen bei München.

und wenn ich nicht eines Tages unachtsam werde und glaube, meine Hände in den Schoß legen zu dürfen, werde ich an ein Ziel gelangen, zu einem zwar höchst bescheidenen, aber keineswegs unrühmlichen Abschluss.«[28]

---

[28] Linsmayer 2000, S. 279.

Die Autorinnen und Autoren

LISBETH EXNER, Dr. phil., geb. 1964 in Wien, Studium der Germanistik, lebt als freie Autorin in München. Als Herausgeberin und Biografin veröffentlichte sie Monografien, u.a. über Salomo Friedlaender/Mynona, Richard Huelsenbeck, Leopold von Sacher-Masoch und Franz Pfemfert und arbeitet für Rundfunk und Zeitungen. Veröffentlichung von *Land meiner Mörder, Land meiner Sprache. Die Schriftstellerin Grete Weil* in der Reihe MonAkzente im A1-Verlag München.

WALDEMAR FROMM, PD, Dr. phil., geb. 1961, Studium der Neueren Deutschen Literatur, Psychologie, Linguistik und Philosophie in Heidelberg und Marburg. 2004 Habilitation, seit 2006 Akademischer Rat an der Ludwig-Maximilians-Universität München. Veröffentlichungen zur Sprachpsychologie, zur Poetik und Ästhetik sowie zur Geschichte der literarischen Subjektivität in der Literatur der Aufklärung, der Romantik, des Vormärz, der Jahrhundertwende und der Gegenwart. Mitherausgeber der Franz von Pocci-Werkausgabe und der Charles Sealsfield-Werkausgabe im Allitera Verlag.

GÜNTHER GERSTENBERG, geb.1948 in Erlangen, lernte Bleisatz, als er sein Metier beherrschte, starb der Beruf aus, empfand Prüfungen wie zwei Staatsexamina und einen M.A. als überflüssige Qual, lebt heute als Maler und Autor im Münchner Norden. Er hat 2003 in der edition monacensia das Buch Erich Mühsam, *Wir geben nicht auf! Texte und Gedichte* herausgegeben, außerdem 2005 das Buch *An Jackl packst am End vom Stiel. Geschichte und Geschichten um Alltag, Arbeit und Arbeiterbewegung in Schwabing 1890–1933*.

WOLFRAM GÖBEL, Dr. phil, geb. 1944 in Worms, Studium der Germanistik, Publizistik und Buchwissenschaft in Mainz und München. Lehraufträge an den Universitäten München und Regensburg, Aufsätze und Funksendungen zum literarischen Leben und Verlagswesen, Herausgeber von Büchern mit literarischem und verlagsgeschichtlichem Inhalt. Verleger des Allitera Verlages in München.

WALTER HETTCHE, Dr. phil., geboren 1957 in Offenbach am Main. Studium der Germanistik und Anglistik an der Universität München. 1983 Staatsexamen und 1985 Promotion über Heinrich von Kleists Lyrik. Akademischer Oberrat am Institut für Deutsche Philologie der Universität München. Publikationen zur deutschen Literatur des 18.–20. Jahrhunderts (Gleim, Hölty, Goethe, Stifter, Storm, Fontane, Raabe, Liliencron, Britting, Eich u.a.).

KRISTINA KARGL, M.A., geboren 1954 in München, Studium der Neueren Deutschen Literatur, Mediävistik und Neuerer und Neuester Geschichte in München. Freie Journalistin, Autorin von Kabarett- und Theaterstücken, Regiearbeit. Veröffentlichungen und Vorträge z.B. über Regina Ullmann oder die Schwabinger Bohème.

DETLEF SEYDEL, Dr. rer. nat., geb. 1945 in Coburg. Professor für Mathematik an einer Fachhochschule in Niedersachsen. Mitherausgeber eines Briefwechsels (Franziska zu Reventlow/ Bogdan von Suchocki). Freier Kurator einer Ausstellung zum 100. Todestag Albert Langens. Literarische Beiträge in Anthologien.

MICHAEL STEPHAN, Dr. phil., geboren 1954, Studium der Germanistik und Geschichte in München. Seit 2008 Leiter des Münchner Stadtarchivs; Lehrtätigkeit an der Technischen Universität München; Mitarbeit an vielen zeitgeschichtlichen Ausstellungen; zahlreiche archivfachliche und wissenschaftliche Publikationen (u.a. zur bayerischen Behörden-, Parteien- und Literaturgeschichte); Herausgeber der Werke des bayerischen Journalisten, Schriftstellers und Volkskundlers Georg Queri im Allitera Verlag.

ELISABETH TWOREK, Dr. phil., geboren 1955 in Murnau, leitet seit 1994 die Monacensia, Literaturarchiv und Bibliothek der Stadt München. Sie ist Literaturwissenschaftlerin und freie Mitarbeiterin beim Bayerischen Rundfunk und hat zahlreiche Veröffentlichungen zur Literatur in Bayern vorgelegt, zuletzt das Lesebuch *Literarisches Bayern* im Allitera Verlag 2009.